穿越百年中国梦

吕章申题

国家出版基金项目
NATIONAL PUBLICATION FOUNDATION

顾　问：吕章申
主　编：陈履生
副主编：白云涛

穿越百年中国梦

新文化曙光

写给孩子的党史学习教育读本

白　龙◎著

SPM
南方出版传媒
新世纪出版社
·广州·

图书在版编目（CIP）数据

新文化曙光 / 白龙著 . — 广州：新世纪出版社，2017.12
（2021.12 重印）

（穿越百年中国梦 / 陈履生主编）

ISBN 978-7-5583-0997-7

Ⅰ . ①新… Ⅱ . ①白… Ⅲ . ①五四运动—少年读物
Ⅳ . ① K261.109

中国版本图书馆 CIP 数据核字（2017）第 296900 号

出 版 人：陈少波　　　　　　　策 　 划：宁　伟
责任编辑：宁　伟　　　　　　　特约编辑：耿　谦
排版设计：大有图文　　　　　　责任校对：陈　雪

新文化曙光　XIN WENHUA SHUGUANG

白　龙 / 著

出版发行：新世纪出版社
　　　　　（广州市大沙头四马路 10 号）
经　　销：全国新华书店
印　　刷：天津画中画印刷有限公司
规　　格：880mm × 1230mm　1/32
印　　张：4.25
字　　数：61 千字
版　　次：2017 年 12 月第 1 版
印　　次：2021 年 12 月第 5 次印刷
书　　号：ISBN 978-7-5583-0997-7
定　　价：22.50 元

如发现印装质量问题，影响阅读，请联系调换：
北京广版新世纪文化传媒有限公司
销售热线：010-65545429
[书中图片由中国国家博物馆提供]

VR融媒党史云课堂
党史学习就在我身边

目 录

contents

《穿越百年中国梦》总序

2012 年 11 月 29 日，党的十八大闭幕刚刚半个月，习近平总书记率领新一届中央政治局常委和中央书记处的同志，来到中国国家博物馆参观《复兴之路》基本陈列。

那天上午，习总书记一行轻车简从，9 时许来到国家博物馆，进入《复兴之路》展厅参观。一件件实物，一幅幅照片，一张张图表，一段段视频，把我们带回到近代以来跌宕起伏、波澜壮阔的难忘岁月。在 19 世纪末列强割占领土、设立租借地、划分势力范围示意图前，在鸦片战争期间虎门抗英的大炮前，在反映辛亥革命的文物和照片前，在《共产党宣言》第一个中文全译本前，在中华人民共和国第一面五星红旗前，在党的十一届三中全会照片前，习总书记不时停下脚步，认真观看，详细询问相关历史背景和文物情况。

在参观期间，习总书记发表了重要讲话。他说:《复兴之路》这个展览，回顾了中华民族的昨天，展示了中华民族的今天，宣示了中华民族的明天。中华民族的昨天，正可谓"雄关

中国国家博物馆前馆长　　吕章申

漫道真如铁"。近代以后，中华民族遭受的苦难之重，付出的牺牲之大，在世界历史上都是罕见的。但是，中国人民从不屈服，不断奋起抗争，终于掌握了自己的命运，开始了建设自己国家的伟大进程，充分展示了以爱国主义为核心的伟大民族精神。中华民族的今天，正可谓"人间正道是沧桑"。改革开放以来，我们总结历史经验，不断艰辛探索，终于找到了实现中华民族伟大复兴的正确道路，取得了举世瞩目的成就。中华民族的明天，可以说是"长风破浪会有时"。经过鸦片战争以来170多年的持续奋斗，中华民族伟大复兴展现出光明的前景。现在，我们比历史上任何时期都更接近中华民族伟大复兴的目标，比历史上任何时期都更有信心、有能力实现这个目标。讲到这里，总书记环顾大家，深情阐述"中国梦"。他说："现在大家都在讨论中国梦，何谓中国梦？我以为，实现中华民族的伟大复兴，就是中华民族近代以来最伟大的中国梦。这个梦想，凝聚了几代中国人的夙愿，体现了中华民族和中国人民的

整体利益，是每一个中华儿女的共同期盼。实现中华民族伟大复兴是一项光荣而艰巨的事业，需要一代又一代中国人共同为之努力。我坚信，到中国共产党成立一百年时全面建成小康社会的目标一定能实现，到新中国成立一百年时建成富强民主文明和谐的社会主义现代化国家的目标一定能实现。我更坚信，中华民族伟大复兴的梦想一定能实现！"

我有幸全程陪同习总书记参观，为总书记一行讲解展览，并现场聆听习总书记关于"中国梦"的重要讲话，感受颇深，终生难忘。习总书记提出实现中华民族伟大复兴的"中国梦"，是时代的最强音，凝聚了全球中华儿女的心，成为激励中华儿女团结奋进，实现中华民族伟大复兴的一面精神旗帜。

《复兴之路》基本陈列回顾了 1840 年鸦片战争以来一百多年间，陷入半殖民地半封建社会深渊的中国各阶层人民，在屈辱和苦难中奋起抗争，为实现民族复兴进行的种种探索，特别是中国共产党领导各族人民争取民族独立、人民解放、国家富强、人民幸福的光辉历程。习总书记参观《复兴之路》并提出实现中华民族伟大复兴的中国梦命题后，中央国家机关、部队、企事业单位、社区街道、社会团体、学校等纷纷来到中国国家博物馆，沿着习总书记的足迹，参观《复兴之路》展览。《复兴之路》展览成为爱国主义教育的重要课堂。

2014 年，习总书记在有关讲话和批示中指出，历史是最

好的教科书，博物馆要让文物活起来，让文物说话，把历史智慧告诉人们，激发民族自豪感，坚定全体人民振兴中华、实现中国梦的信心和决心。中国国家博物馆和广东新世纪出版社有限公司落实习总书记的指示，以《复兴之路》基本陈列为基础，经过三年多艰苦工作，编写和出版了这套《穿越百年中国梦》丛书。组织和参与编写这套丛书的同志，大多数参加了《复兴之路》内容设计和布展工作，有的还现场聆听了习总书记关于"中国梦"的重要讲话。他们对《复兴之路》基本陈列不但理解深刻，而且怀有深厚感情。

习总书记指出：中国梦归根到底是人民的梦。有梦想，有机会，有奋斗，一切美好的东西都能够创造出来。习总书记希望广大青少年要勇敢肩负起时代赋予的重任，志存高远，脚踏实地，努力在实现中华民族伟大复兴的中国梦的生动实践中放飞青春梦想。

我相信，在中国共产党即将迎来百年华诞这个重大历史时刻，这套丛书的重印出版，对广大青少年牢记习总书记"不忘初心"的嘱托，更好地开展党史学习教育，增强实现中华民族伟大复兴中国梦的责任感，一定会起到促进作用。

吕章申

前　言

中国现代史学会会长　郭德宏

中华民族是一个有着自己梦想，特别是美好社会理想的民族。

两千多年前，我们的古圣先贤，就有"小康"和"大同"的社会理想。那时的"小康"理想，就是家家丰衣足食，人人遵守礼仪，互相谦让。那时的"大同"理想，就是天下人如同一家人，家家幸福，人人愉快，"路不拾遗，夜不闭户"。由于历代封建统治者都不代表广大的人民群众利益，古圣先贤的"小康"和"大同"社会理想都没有实现。

勤劳智慧的中国人民，创造了光辉灿烂的古代文明：强盛的汉代，繁荣的唐代，辽阔的元代，清初的盛世。那时，与世界上其他大多数国家和地区相比，中国富饶、强盛、文明、进步。用现代语言表述，那时的中国是"发达国家"，其他那些国家和地区则是"发展中国家"。然而，由于帝国主义入侵和封建主义统治腐败，中国落后了。从1840年鸦片战争中国战败到19世纪末，中国逐渐沦为半殖民地半封建社会，陷入将要亡国灭种的深渊。

从1840年鸦片战争开始，当时一些思想先进的中国人就寻求救国救民之道。林则徐、魏源开眼看世界，地主阶级的洋务运动，资产阶级维新派的戊戌变法，都试图在不根本触动封建统治的前提下富国强兵，但是都失败了。1894年孙中山创立革命团体兴中会，首次提出"振兴中华"口号。1902年康有为完成《大同书》的写作，期望中国实现古圣先贤所憧憬的大同世界。1902年梁启超发表《新中国未来记》，1904年蔡元培发表《新年梦》，都憧憬中华复兴，雄立世界。近代以来，每一个中国人都满怀着复兴中国、振兴中华的梦想。但在半殖民地半封建社会的旧中国，中国人民的这一梦想不但没有实现，反而遭受着越来越严重的民族苦难。

1921年，伟大的中国共产党成立，超越古圣先贤"小康"和"大同"的社会理想，提出了夺取反帝反封建胜利、建立人民当家做主政权、最终实现人类最美好最理想的共产主义社会的奋斗目标。中国共产党肩负起民族独立、人民解放的历史重任，领导中国人民，经过浴血奋战，于1949年建立了人民当家做主的中华人民共和国。新中国成立，是中华民族由衰落走向强盛的历史转折点，开启了中华民族伟大复兴的新纪元。

中华人民共和国成立后，毛泽东、周恩来等老一辈革命家，领导全国各族人民为实现国家富强、人民共同富裕的新的历史任务而奋斗。在党的领导下，中国确立了社会主义基本制度，成功实现中国历史上最伟大最深刻的社会变革，为中华民族的伟大复兴奠定了制度基础。与此同时，中国共产党领导全国人民进行大规模经济建设和文化建设，取得了旧中国几百年几千年所没有取得的成就，为实现中华民族伟大复兴奠定了基本的物质基础。

1978年改革开放以来，以邓小平、江泽民、胡锦涛同志为主要代表的中国共产党人，全面推进社会主义现代化建设。神州大地，生机勃发。2010年，中国GDP（国内生产总值）上升至34万亿元人民币，成为仅次于美国的世界第二大经济体，并一直保持至今。伴随着各方面的迅猛发展，中国迅速走向繁荣，国际地位不断提高，国际影响日益扩大。中国步入世界强国之列，为实现中华民族伟大复兴创造了现实条件。

2012年11月29日，习近平总书记率领新一届中央政治局常委和中央书记处的同志参观中国国家博物馆《复兴之路》基本陈列。习总书记在这里向全世界宣示"中国梦"，重申"两个一百年奋斗目标"，既是中国共产党对全国人民的郑重承诺，是党和国家面向未来的政治宣言，也是中华民族伟大复兴的总动员。中国的伟大发展，又一次站在新的历史起点上；中华民族的伟大复兴，揭开了历史新篇章。

以习近平同志为核心的党中央，"不负重托，不辱使命"，在实现中华民族伟大复兴中国梦的推动下，国民经济继续稳步发展，中国的国际地位更加提高，国际影响力更加扩大。我们现在比历史上的任何时期都更加接近中华民族伟大复兴这个目标，我们现在比历史上任何时期都有信心、有能力实现这个目标。

中国梦连接着过去与现在、历史与未来，连接着国家与个人、中国与世界。拥有五千多年文明历史的中华民族，曾经创造了辉煌的古代文明，走在世界前列，为人类社会发展做出了巨大的贡献。今天，中华民族的伟大复兴，不仅造福中国人民，而且造福世界人民。已经步入世界发展中大国的中国，理应承担起大国责任，对人类社会的发展进步，做出更大的贡献。

《穿越百年中国梦》丛书回顾了 1840 年鸦片战争以来一百多年间，陷入半殖民地半封建社会深渊的中国各阶层人民，在屈辱和苦难中奋起抗争，为实现民族复兴进行的种种探索，特别是回顾了中国共产党领导全国各族人民争取民族独立、人民解放、国家富强、人民幸福的光辉历程。这套丛书深刻揭示了历史和人民为什么和怎样选择了马克思主义，选择了中国共产党，选择了社会主义道路，选择了改革开放；深刻揭示了历史和人民为什么必须始终坚持高举中国特色社会主义伟大旗帜不动摇，坚持中国特色社会主义道路不动摇；昭示出没有共产党就没有新中国，就没有中国特色社会主义，只有社会主义才能救中国，只有改革开放才能发展中国、发展社会主义、发展马克思主义。

我相信，这套丛书的出版，能够使广大青少年读者更加深入地了解中华民族近代以来反对外来侵略史、人民解放的抗争史，了解中国共产党领导全国各族人民为中华民族伟大复兴而奋斗的创业史和改革开放史，为实现国家富强、民族振兴、人民幸福的中华民族伟大复兴的中国梦，夺取新时代中国特色社会主义伟大胜利，提供令人振奋的精神动力。

郭德宏

扫码体验

VR融媒党史云课堂
党史学习就在我身边

　　辛亥革命后，清朝封建统治被推翻，中国陷入动荡不安的局势。中华民国刚刚建立，新旧势力激烈交锋，"尊孔复古""袁世凯复辟"等闹剧不断上演。与此同时，封建残余思想、旧礼教和旧道德依然阴魂不散，阻碍着社会进步。为了涤清思想、解放个人，胡适、陈独秀、李大钊等一批受过西方教育的知识分子发起了"反

新文化曙光

传统、反孔教、反文言"的思想革命运动。他们办杂志，写文章，大力提倡民主与科学，通过各种方式启发国人的觉悟，全力反抗封建传统社会及封建家长制，全面推动现代科学在中国的发展，为马克思主义在中国的传播和五四爱国运动的爆发奠定了思想基础。

第一章
袁世凯复辟

扫码体验

VR融媒党史云课堂
党史学习就在我身边

1. "尊孔"闹剧

1912年3月10日，袁世凯靠着卑劣的手段，登上了中华民国临时大总统的位置。同年7月，在北洋政府召开的全国临时教育会议上，有人提议：全国学校应继承清末的"忠君""尊孔"等传统思想，应在《学校管理规定》中，要求全国学生跪拜孔子。

当时的中国，辛亥革命刚刚结束了君主专制制度，人们刚刚获得了民主、自由的启蒙教育，这种"恢复跪拜"的提议显得很不合时宜。时任教育总长的蔡元培立即在会上坚决反对该提议，反对这种"尊孔复古"的思潮沉滓泛起。由于蔡元培等进步学者的力争,《学校管理规定》删去了学生必须跪拜孔子的条文。

但是,9月13日,北洋政府仍然强迫教育部发布通知,将每年的10月7日定为"孔子诞辰纪念日",并要求全国各学校必须举行纪念会;20日,袁世凯以总统身份颁布《整饬伦常令》,下令各地民众要遵守封建纲常伦理;25日,袁世凯颁发《祭孔令》,下令在孔子诞辰日,中央和

曾经做过北洋政府教育总长的蔡元培

各地方必须举行祭孔典礼;28日,袁世凯在全副武装的侍从护卫下,于清晨6点半抵达孔庙,穿上旧式的祭孔服,向孔子塑像三跪九叩。

他面对着孔子塑像,双膝跪在地上,磕3个头;站起来,再跪下去,再磕3个头;如此3遍,总共跪3次,

磕 9 个头。不仅如此，磕头时，头还要真真正正磕到地上，"体现"出对先贤的尊敬和膜拜。与此同时，北洋军阀的各省官吏也都依样画葫芦，一板一眼地举行着各地的祭孔仪式。

种种事件串联起来，恢复旧礼教的氛围越来越浓，这显然与辛亥革命所倡导的自由民主背道而驰，也让一些进步人士的内心隐隐有些不安。

在恢复祭孔制度的同时，袁世凯还以实际行动恢复了祭天制度——在传统的封建社会，这项仪式只有皇帝才能主持和完成。这意味着什么，非常明显。

1914 年 12 月 23 日，冬至，从新华门到天坛的道路全部铺上了一层黄土。全城戒严，天坛周围到处都是岗哨，密布着荷枪实弹的士兵。

清晨 3 点，袁世凯乘着装甲汽车，在沿路士兵的保卫下，来到天坛。随后，他换上带有封建时代特征的祭天服，模仿清朝皇帝，向着上天三跪九叩。他祭天所用的祝板也和清朝皇帝的一模一样，仅将祝板上"子臣"两字改为"代表中华民国国民袁世凯"。祭天大典持续了近6个小时，所有在场的人见证了整个荒唐的典礼和袁世凯拙劣的表演。

与此同时，舆论界也掀起了复古尊孔的热潮。有人提出大修孔庙，有人提出定"孔教"为国教。一向对传统青睐有加的康有为则提出全国人民都要向袁世凯看齐，用跪拜的形式祭祀孔子。他甚至荒唐地说："中国人不跪拜天，不跪拜孔子，要这两个膝盖干什么呢？"

一时间，全国上下尊孔复古风潮兴起，到处乌烟瘴气，清朝的遗老遗少弹冠相庆，都以为刚刚被辛亥革命推翻的封建时代又要回来了。

其实，众多有识之士早已看出其中的端倪，这一场"尊孔复古"的闹剧的背后隐藏着不为人知的目的：中华民国临时大总统袁世凯又想当皇帝了。

袁世凯到天坛祭天时穿的绣有十二章纹的礼服

2. 百日皇帝梦

辛亥革命虽然推翻了封建帝制，民主共和的思想也早已深入人心，但如果冷静审视北洋政府时期的社会和政局，依然潜藏着动荡和不安。

清朝灭亡不久，政府根基不稳，封建帝制残余思想在很多角落阴魂不散。作为一个旧时代的官僚，袁世凯受封建思想影响很深，他并不满足于大总统的称号，在传统君主专制社会中，身居最高位的皇帝才是他的终极梦想。

另外，据传言，袁世凯家族的先辈们通常活不过58岁。当上大总统时袁世凯已经53岁，按照宿命的观点，他的人生似乎只剩下5年时间。这让迷信的袁世凯有些紧张，他认为自己做了皇帝，洪福齐天，也许就可以活得更久一些。

一项项倒行逆施的"总统令"，一出出尊孔祭天的闹剧，袁世凯复辟帝制的企图已是司马昭之心，路人皆知。而这股风潮的愈演愈烈，离不开许多溜须拍马之徒的"功劳"。

政客杨度、孙毓筠、刘师培等人，成立筹安会，伪造民意，为袁世凯称帝摇旗呐喊；湖南、吉林、安徽、南京等省市袁世凯的党羽，也纷纷成立筹安会分会，通电表示支持袁世凯称帝。

不仅如此，袁世凯的家族成员们也不断制造假象，营造出从"天命"到民众都催促着袁世凯尽快称帝的氛围。袁世凯的仆人无中生有，编造袁世凯睡觉时"真龙

历史掌故

辩证"尊孔"

尊重先贤、继承优良传统原本无可非议，孔子和以孔子为核心的儒家文化也确实有值得尊敬并继承、发扬的部分。同时，它也难免存在这样或那样的历史糟粕。当时，"尊孔问题"仅是文化教育界的学术之争，袁世凯却发现了其中的机会。他先以尊崇"伦常"、提倡"礼教"等道德说教转移视线，随后便一发不可收，加上舆论界推波助澜，以及多名无耻政客的附和，"尊孔复古"最终演变成了裹挟着政治阴谋与舆论斗争的闹剧。孔子也好，儒家文化也好，都成了袁世凯复辟的工具。

现身"的故事，还煞有其事地描述各种细节，包括他怎么被吓一跳，杯子怎么掉在地上摔碎，等等。

人物故事

袁克定与袁克文 袁世凯一生娶过1个妻子、9个妾室，有17个儿子、15个女儿，其中以长子袁克定和次子袁克文在历史上较为著名。二人虽为兄弟，但志趣迥异。袁克定不仅常以"大皇子"自命，还命手下人称自己为"大皇子殿下"，并私刻了一枚"大皇子印"，到处盖印。袁克文则志在做一位名士，琴棋书画无所不精，声色犬马无所不好，与张伯驹、张学良、溥侗并称"民国四公子"。袁克文还做过一首诗，暗劝袁世凯与袁克定不要逆历史潮流而行，不要称帝，诗名《感遇》："乍着微绵强自胜，阴晴向晚未分明。南回寒雁掩孤月，西去骄风黯九城。隙驹留身争一瞬，蜇声催梦欲三更。绝怜高处多风雨，莫到琼楼最上层。"

袁世凯的儿子袁克定怀着"皇太子"继承帝位的野心，不断谎报民情。为坚定袁世凯称帝的决心，袁克定甚至伪造日本人办的《顺天时报》，天天把假报纸送给袁世凯看。报纸上尽是

北洋军阀首领袁世凯

支持袁世凯称帝的言论。

身在其中的袁世凯是否了解其真伪不得而知，但站在历史的远处看，这更像他们自编自导自演的铺垫剧集。

袁世凯一开始还假惺惺地表示自己不愿做皇帝，但看到那么多人"劝进"，他觉得时机已成熟，装作不经意地向亲信透露："如果天下百姓一定要我做皇帝，我就做。"于是，在他的亲信组织下，全国各地五花八门的请愿团纷纷出笼，王公遗老、政府官僚、各省将军、无耻文人，真可谓三教九流无所不包，就连北京的乞丐和八

大胡同的妓女也组织起来，成立乞丐请愿团、妓女请愿团，手持各色旗帜，跑到新华门外，跪在地上，双手高举"劝进表"，无比悲戚地恳求袁世凯"顺应民意"，尽快登基当皇帝。

1915 年 12 月 12 日，经过之前的重重铺垫，袁世凯以"极不情愿"的态度，看在"天下兴亡，匹夫有责"的古训份上，为了"救国救民"，只好"勉为其难"的当皇帝了。忸怩作态的袁世凯终于放下了伪装，授意亲信们组织和举行隆重的登基仪式，准备正式称帝。

任何阻挡时代步伐的人都是愚蠢的，他的阴谋诡计也绝对无法得逞。尽管袁世凯利用他的权力暂时阻碍了历史的车轮，但民主和自由的思想永远不会熄灭，辛亥革命点亮的火花正在社会底层和人民的心中迅速燃烧并传播开来。

从 1916 年 1 月 1 日"洪宪元年"开始到 1916 年 3 月 22 日被迫取消帝制，袁世凯的皇帝梦仅仅持续了 83 天，便草草结束。

与此同时，以孙中山为首的革命党人，掀起了反对袁世凯的武装斗争。以蔡元培、陈独秀、胡适、李大钊等为代表的一批先进知识分子，则发动了一场崇尚科学、反对迷信、猛烈抨击几千年封建帝制的思想启蒙运动——新文化运动。

第二章

新文化干将

VR融媒党史云课堂
党史学习就在我身边

1. 陈独秀"敬告青年"

1915 年 9 月 15 日,《青年杂志》在上海创刊。该杂志的创办人为陈独秀,他原名陈庆同,1879 年 10 月出生于安徽怀宁(今安庆),因家乡附近有一座独秀山挺拔屹立,他写文章时就常用"独秀""独秀山民"为笔名,后来干脆更名为陈独秀。"独秀"二字还有"木秀于林"的含义,体现出其个性中的担当和勇气。

早在清朝末期,陈独秀便接受了西方近代的自由民主思想,成为勇敢的反清斗士。他办报纸,组织革命团体,抨击清政府统治,多次受到清政府的通缉,不得不流亡国外。辛亥革命后，袁世凯妄图复辟帝制，陈独秀又继续抨击袁世凯，受到迫害后流亡日本。

陈独秀的《敬告青年》

1915 年夏，陈独秀从日本回到上海。面对袁世凯政府倒行逆施的丑态，陈独秀强烈抨击、振臂高呼，提出要救中国、建共和，首先必须进行思想革命，把中国民众培养成为具备民主自由意识的现代公民。他发现当时的中国青年思想比较活跃，封建思想影响较少，有较强的可塑性，因此立即着手创办《青年杂志》，以此作为阵地，宣传民主自由思想，反对封建专制，改造国民性，为把全国青年培养成新一代国民而全力以赴。

在《青年杂志》创刊号上，陈独秀发表了创刊词《敬告青年》。在这篇具有历史意义的著名文章中，陈独秀对新时代的青年提出了以下要求。

——"自主的而非奴隶的。"青年人应当追求平等自主，用自己的双手劳动谋生，用自己的思想判断善恶，敢于发表自己的意见，不要迷信传统，不要盲从和依赖他人，不做他人的奴隶，也不让别人当自己的奴隶。

——"进步的而非保守的。"青年人应当跟上社会发展、时代进步的潮流，要不断求新，接受先进的事物。要清醒认识到中国固有的伦理、法律、学术、风俗已经落后于时代，不要受其束缚。

——"进取的而非退隐的。"青年人应当积极进取，在艰难的环境下勇于抗争，不能退缩，不要屈服，全力争取战胜旧势力。

——"世界的而非锁国的。"青年人应当丢掉闭关锁国的思想，了解世界，跟上世界进步的步伐。

——"实利的而非虚文的。"青年人应接受西方思想家提出的"实利主义""实验哲学"，重视物质文明和现实生活问题，抛弃同时代背道而驰的旧道德、旧说教。

——"科学的而非想象的。"科学是空想的对立物，是推进历史进步、社会发展的重要因素。青年人应该重

事实真相

《新青年》杂志的标题为何是法文？ 在《青年杂志》改名为《新青年》后，保留了原有的法语刊名"LA JEUNESSE"（青年），并没

有将其改为"LA NOUVELLE JEUNESSE"（新青年）；去掉了下半部分绿色圆框里的人像，并在封面上标出"陈独秀先生主撰"。那么，《新青年》杂志封面的外文副标题为何是法文而不是英文"NEW YOUTH"或者"YOUTH"呢？这是一个偶然的选择吗？事实上，陈独秀用法文作为杂志的副标题是别有深意的。《新青年》杂志自创刊伊始，他便表现出对法兰西文化的强烈偏爱。这在创刊号中可谓是体现得淋漓尽致：除了封面外文副标题是法语，内中还有不少文章向青年读者们介绍法兰西文明。在《敬告青年》一篇中，陈独秀提出青年努力的6条标准就都是来源于法国大革命的思想和启蒙主义思想。《新青年》杂志的法文副题其实是一个时代精神的缩影，是法国革命民主思想深远影响的反映。于是，广大青年从思想上高度认同法国，"自由""平等"和"博爱"的法兰西成了中国进步知识分子心目中的圣地，遂开启了波澜壮阔的赴法勤工俭学运动和中国革命的新篇章。

视科学，以科学的态度看问题，不能想当然地带着个人主观色彩看待世界。

以上 6 条，是陈独秀对青年人提出的希望，也是对全体中国人的期待。文章还提出：中国人要摆脱封建愚昧，就要向西方学习，要急起直追，科学与人权并重。人权就是民主。凭着这篇直面问题、抨击旧体制的文章，陈独秀率先在中国高举起科学与民主两面大旗。

《青年杂志》创刊是新文化运动兴起的标志，陈独秀则是新文化运动的发起者和领导者。尽管他的文章中言辞或有些激进，词句或有些粗糙，但在那样的时代中，《敬告青年》就像振聋发聩的一声呐喊，成为新文化运动向旧思想、旧势力的战斗宣言。

2. 李大钊的"青春中国"

1916 年，上海基督教青年会致信《青年杂志》编辑部，提出《青年杂志》与上海基督教青年会的杂志《青年》《上海青年》同名，有冒名之嫌，要求《青年杂志》

更名。同年 9 月 1 日,《青年杂志》更名为《新青年》,
继续出版。陈独秀在改刊后第一期发表《新青年》一文,
号召青年做"新青年",要求"新青年"生理上要身体强
壮,思想上要抛弃做官发财的思想,建立社会主人公意
识,积极为社会进步做贡献。

在同一期,李大钊发表了《青春》一文,号召广大
青年冲破封建思想的束缚,奋发努力,团结前行,为中
华民族走出愚昧、不断发展,为全世界人类走向文明、
获得幸福而做出自己的最大贡献。

李大钊是河北乐亭人,他和陈独秀一样,从青年时
代起就忧国忧民,渴望国家富强。1914 年,他考入日本
早稻田大学,专攻政治学。1915 年 1 月,日本提出妄图
灭亡中国的"二十一条",正在日本留学的李大钊和其他
留日学生一起,迅速掀起声势浩大的抗议运动。他起草
《警告全国父老书》,编印《国耻纪念录》,文章通过报
纸、电报传遍全国,他也因此成为著名的爱国人士。

1916 年,李大钊回国,来到北京做《晨钟报》编
辑,开始投入新文化运动。他的《青春》一文,就是在

历史掌故

"二十一条"

"二十一条"是日本帝国主义妄图灭亡中国的秘密条款。1915年1月18日，日本驻华公使觐见袁世凯，递交了一份秘密文件，内容包括逼迫袁世凯政府承认日本取代德国在华的一切特权，进一步扩大日本在满洲及蒙古的权益，以及承诺聘用日本人为顾问等。随后，日本以威逼利诱等手段，百般"交涉"，企图迫使袁世凯政府签订该文件，意欲把中国的领土、政治、军事及财政等全都置于日本控制之下。毛泽东得知该事件后，愤而写下一首四言诗："五月七日，民国奇耻；何以报仇，在我学子。"最终，袁世凯政府接受了"二十一条"中一至四号（共五号）部分条款的要求，史称中日《民四条约》。

这个时期发表的。

《青春》发表之际，正值"尊孔复古"、复辟帝制的袁世凯在全国人民的反对声中一命呜呼。时代洪流奔涌向前，民主自由思想已经深入人心，中国人民已经获得了最初的思想启蒙，中华民族实现了一次重要的历史跨越。

李大钊清楚地看到了这一时代进步，他在文章中告诉读者，现在的中国已是"春风载阳，东风解冻"，中华民族也正在摆脱落后封建主义的束缚，走向民主自由的新生，开始进入中华民族的"青春中国"时代。

李大钊笔下的"青春中国"描绘了中国这个古老国家壮阔的前景，指出中国虽然有着五千年的悠久历史，但直到推翻封建帝制之后，中华民族才真正获得了新生。"我之国家为青春之国家，我之民族为青春之民族"，中国如同一位朝气蓬勃的青年，奋勇向前，不断接近"青春中国之再生"的梦想。中华民族也必将告别落后腐朽的封建时代，像凤凰一样涅槃重生，引领时代，走到世界前列。

李大钊把中华民族社会进步和屹立世界的希望，完全寄托在新一代青年身上。"青年者，国家之魂"，只有他们能引导中华民族告别旧时代，创造新辉煌，只有他们能够担当"中华再造"重任，实现"青春中国之再生"。

3. 蔡元培提倡"兼容并包"

回望动荡不安的民国局势，尽管面对着外部的种种压制，当时的大学校园里却依然能保持浓厚的学术氛围和自由的思想空间，这离不开多位进步学者的坚持。其中，提倡"思想自由，兼容并包"的蔡元培是不能忽视的重要角色。蔡元培是浙江绍兴人，出生于1868年，参加过科举考试，不仅成绩在全国名列前茅，还中过进士。1894年，适逢甲午战争爆发，蔡元培初次接触西学，这让他开始审视起自己身处的时代和阶层。1898年，蔡元培回到家乡绍兴，担任中西学堂监督，大力提倡西学和新学。

封建时代的中国，只注重吟诗作画和个人修养，认为"顺应天道"才是人生的重要课题，而物理、化学等自然科学，以及政治学等，都被看作是"雕虫小技"，不值得重视。而近代中国的进步，恰恰在于接受并传播近代西方的自然科学和政治社会学，即所谓的"西学"和"新学"。

1902年，蔡元培在上海创办中国教育会并任会长。中国教育会以教育青年为宗旨，致力于反对封建专制，提倡民主自由。与此同时，蔡元培还创办了爱国学社、

油画《兼容并包》，沈嘉蔚 1988 年作。它是一幅描绘五四时期代表性知识分子的群象作品，画面的中心是蔡元培，其左前方的辜鸿铭和右后方的李大钊分别是主张旧学和倡导新文化运动的代表人物，突出了“兼容并包”的主题思想

爱国女校，秘密从事反清活动。活动后来被清政府发觉并破坏，蔡元培被迫逃往日本。1904 年，回到上海的蔡元培成立光复会，继续秘密开展革命活动。1905 年，孙

中山成立反清革命团体——中国同盟会，蔡元培带领光
复会的成员全体加入同盟会。1912年中华民国成立，蔡
元培成为首任教育总长，相当于现在的教育部长。后来，
窃取大总统职位的袁世凯企图复辟帝制，因为坚决反对
袁世凯倒行逆施，蔡元培受到打压，愤而辞掉教育总长
职务，随后于1916年12月担任北京大学校长。

　　担任北大校长后，凭借着自身对民主自由的深刻理
解和追求，蔡元培提出了"教育独立、不受统治者和政
治影响"的主张。他在校内实行学生自治、教授治校，
同时实行"思想自由，兼容并包"的办学方针。所谓
"思想自由，兼容并包"，就是不把自己的思想和政治观
点强加给别人，让学校成为一个自由宽广的平台，广泛
吸收各种人才，容纳各种学术和思想流派，促使其互相
争鸣、自由发展。

　　这一项项举措，不仅让蔡元培领导的北大成为新文
化运动强大的支持和动力，也吸引了陈独秀、李大钊、
鲁迅、胡适、钱玄同、刘半农、沈尹默等众多新文化运
动干将加盟。难能可贵的是，在倡导新学的同时，蔡元

人物故事

改名趣闻　沈尹默，原名沈君默，曾任北平大学校长。他名如其人，生来不善辞令，低调沉默。有一天，一个朋友对他开玩笑说："你这个人，总爱默不作声，你的名字也有个'默'字，但前面的'君'字下面有'口'——既然要沉默，又何必开口呢？"沈君默听后觉得言之有理，便将"君"字的"口"去掉，从此更名为"沈尹默"。

培并不排斥满腹经纶的旧学者，黄侃、刘师培、辜鸿铭等守旧派的学问大家们依然留任北大，并获得同样的尊重、支持和学术地位。

在蔡元培的引领下，北京大学成了一方思想积极自由、学术蓬勃发展的圣地，学术研究和思想争论得到鼓励，不仅观点不同的教授可以互相辩驳，学生也可以与教授平等地开展学术争鸣和思想交锋。校园内外思想异常活跃，包括傅斯年、罗家伦、张国焘、邓中夏等在内的一批学生也在这样的氛围中得到锻炼和成长，最终成为全国学术界闻名的风云人物。

在蔡元培"思想自由，兼容并包"办学原则指导下，当时的北京大学各种文化社团风起云涌。在政治倾向上，有的激进，有的保守；有的主张改良，有的主张革命。在新派人物中，有马克思主义、三民主义、无政府主义、国家主义的不同代表。在文学艺术方面，有的崇尚西方，有的崇尚传统；有的喜欢文言文，有的喜欢白话文。百家争鸣，百花齐放，文化和学术蓬勃发展，可谓盛极一时。

蔡元培倡导的"思想自由，兼容并包"办学原则，冲破了封建专制独裁者设置的种种思想文化禁区，向青年学生展现了广阔的学术自由新天地，北京大学因此成为新文化运动的中心。

4. 北大：新文化运动中心

北京大学的前身是 1898 年成立的京师大学堂，辛亥

1918 年前后的北大红楼

革命前，这座在封建帝制中成立的学府充满着陈腐的旧时代气息。1912 年 5 月 4 日，京师大学堂改名为北京大学。校名虽然更换，但换汤不换药，学校中的教师大多是出身举人、进士的老学究，满脑子封建残余思想。学生也多是官宦子弟，来校并不真心读书，只是为了混个资历，以便将来做官发财。

整个学校弥漫着不思进取、守旧懒散的氛围，甚至有官宦子弟乘着洋车，带着听差来上课。上课前，听差还要屈膝打揖地对着官宦子弟说"请大人上课"，然后倒退出教室，学习热情和效果可想而知。

蔡元培出任北京大学校长后，决心大力改

北大红楼第一院正门

革，最终实现教育救国的理想。因为文科教员中普遍存在顽固守旧的思想，蔡元培便率先从文科动刀，积极物色具备先进思想的学者来主持文科教学。

当时正在上海主办《新青年》的陈独秀成为理想人选。蔡元培听闻陈独秀倡导民主、自由、科学、平等，是当时的"思想界明星"，便特意找来 10 余本《新青年》杂志，认真阅读。细读之下，他立刻为陈独秀的思想和学识所折服，拍案而定："北大文科学长非陈君莫属！"

1916 年 12 月 26 日，恰逢陈独秀来北京出差，时年 49 岁的蔡元培不顾北京冬日清晨的寒冷，来到陈独秀所住的旅馆，盛情邀请陈独秀到北大担任文科学长。

蔡元培的求贤若渴令人感动——寒冬清晨，冷风彻骨，时年 37 岁的陈独秀还在被窝里休息。出于礼貌和诚意，作为兄长的蔡元培静静在门外等待，直到陈独秀醒来，才进入屋内与之见面。因为有着倡导自由、推崇新学的共同语言，两人一经交流，便生出相见恨晚之感。

陈独秀感动于德高望重的北大校长亲自屈尊前来邀请，但他自忖没有教学经验，又无学位头衔，担心不能

蔡元培（左）与陈独秀合影

胜任，因而婉言谢绝。

　　蔡元培并不气馁，他带着诚意和热情多次拜访，如同三国时刘备三顾茅庐请诸葛亮出山，每次都与陈独秀畅谈，还做出承诺，支持陈独秀把《新青年》杂志搬到北京来办。不仅如此，蔡元培还通过陈独秀的好友沈尹默传递诚意。陈独秀最终被蔡元培礼贤下士、求贤若渴的精神打动，慷慨应允出任北京大学文科学长。

　　1917 年 1 月，陈独秀赴任北京大学文科学长。在蔡元培的支持下，陈独秀聘任了一批提倡新文化运动的学者、教授，包括李大钊、胡适、刘半农、鲁迅、周作人等，加上原北大的沈尹默、钱玄同等学者，新文化运动中的得力干将和知名人士齐聚北大，形成了推动新文化运动发展的学者阵营。

在主持北大文科教学的同时，陈独秀还将《新青年》编辑部从上海迁到了北京。今日的北京东城区北池子箭杆胡同9号是一个看起来很普通的地址，但在那个时代，它是推动民主自由思想蓬勃发展和传播的重要阵地。在它的西边，正是当年包括北京大学文科和图书馆在内著名的北大三院。由此，《新青年》成为新文化运动的有力武器，李大钊、鲁迅、钱玄同、刘半农、周作人、胡适、沈尹默以及北大教授高一涵等新文化健将，均成为其作者或编辑，在那个风云激荡、新旧交替的时代，频频发出推崇新学、倡导自由、反抗旧体制的宣言和呼喊。

后来的中国人民的伟大领袖毛泽东，正是在这样的氛围中学习和成长起来的。

1918年，25岁的毛泽东来到北京。他未来的岳父、杨开慧的父亲，他在长沙湖南第一师范读书时的老师，时任北大哲学系教授的杨昌济，给校长蔡元培写了一封

青年时期的毛泽东

信，推荐他的学生毛泽东到北大工作。

蔡元培给北大图书馆馆长李大钊写了张便条，"毛泽东欲在本校谋一半工半读工作，请设法在图书馆安置"，随后毛泽东便被安排在图书馆，负责新到报刊和阅览人姓名的登记工作，每月工资仅8块大洋。但正是这份工作，让毛泽东接触到了更多先进思想，掌握了更多的政治和社会知识，为他之后带领中国走向新生奠定了坚实基础。

1918年11月，陈独秀、李大钊又创刊《每周评论》，新文化干将高一涵、高承元、张申府、周作人等全力加盟，编辑部设在陈独秀的北京大学文科学长办公室。《每周评论》前25期由陈独秀主编，自第26期起由胡适任主编。杂志及时、迅速地反映当前迫切的政治问题，

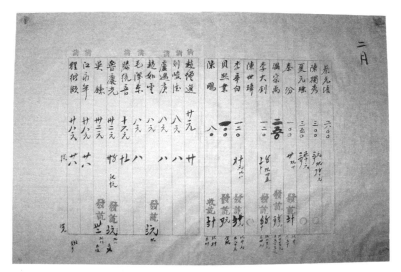

1919 年 2 月的北大职员薪金底册，册内显示毛泽东当时月薪为 8 块大洋

与《新青年》侧重理论的特点互为补充，成为新文化运动的又一重要阵地。

通过蔡元培的引导和支持，北京大学集聚了国内主要的新文化运动学者和教授，同时拥有了《新青年》和《每周评论》两个宣传阵地。

北京大学也因此成为新文化运动的中心，在为社会大众思想启蒙、传播民主方面发挥了重要作用。

第三章

民主科学

1. "德先生"与"赛先生"

"德先生"和"赛先生"的说法来源于英文单词"Democracy"和"Science"。作为新文化运动时期的重要概念,"民主"和"科学"这一组在旧时代中国不受重视的学术范畴,迫切需要得到人们的理解和支持。

陈独秀率先提出了西学中的这两个概念,并冠之以"德先生"和"赛先生"的形象性称呼,以便于中国人民能更快、更好地接受。

在新文化运动时期,"民主"曾被音译为"德莫克拉西",它有着两层含义,一是指民主思想,二是指民主政治。"科学"也曾被音译为"赛因斯",它同样包括两层含义,一是指近代自然科学法则,二是指科学精神。

不出意外,陈独秀发起的新文化运动引发了保守顽固势力的极大反对,他们纷纷攻击《新青年》杂志,攻击陈独秀、李大钊、胡适等新文化倡导者,污蔑他们是"离经叛道"的人,攻击民主和科学的学说是"歪理邪说",是西方传过来的丑陋怪物。

1919 年 1 月 15 日,陈独秀在《新青年》上发表文章《〈新青年〉罪案之答辩书》,大力驳斥顽固保守分子对杂志和新文化运动倡导者的污蔑。文章慷慨激昂、据理力争,陈独秀犀利的文字仿佛变成了投向顽固守旧派的一把把利剑:

> 反对《新青年》的人,无非是因为我们破坏孔教,破坏礼法,破坏国粹,破坏贞节,破坏旧伦理(忠、孝、节),破坏旧艺术(中国戏),破坏旧宗教(孔教),破坏旧文学,破坏旧政治(特权人治),这几条罪案。
>
> 这几条罪案我们都直认不讳。但是只因为拥护那

德莫克拉西（Democracy）和赛因斯（Science）两位
先生，才犯了这几条滔天的大罪。要拥护那德先生，
便不得不反对孔教、礼法、贞节、旧伦理、旧政治。
要拥护那赛先生，便不得不反对旧艺术、旧宗教。要
拥护德先生，又要拥护赛先生，便不得不反对国粹和
旧文学。

西洋人因为拥护德、赛两先生，才渐渐从黑暗中
把他们引到光明世界。我们现在认定，只有这德、赛
两位先生，才可以救治中国。为了拥护这两位先生，
就是断头流血，我们都不推辞。

陈独秀可谓一针见血地指出了守旧文人们反对新文
化运动，其实质是反对"德先生"和"赛先生"，也就是
反对民主和科学。

陈独秀还以大无畏的精神宣告，为了民主和科学，
即使自己抛头颅洒热血，也在所不惜，显示出为了中华
民族进步发展不惧生死的英雄气概。

文章在思想界、在社会上引起了极大反响，得以广
泛传播，"德先生"和"赛先生"这两个称谓，也成为从
近代流传至今对民主和科学的形象化称呼。

𝒵. 孔子与儒家

孔子是我国先秦时期著名的教育家、思想家和政治家，他提出了许多关于人生、教育、礼节的思想。比如在教育方面，孔子主张"有教无类"和"因材施教"，即人人都应受到教育，老师要根据每个学生的特点，有针对性地进行教学，做到扬长避短，孔子也因此成为中国教育界的始祖和代表。

同时，孔子还主张"重义轻利""见利思义"，即不要为了追求物质利益，完全置道义于不顾；遇到物质利益诱惑时，要认真考虑是否符合道义。孔子还主张与人为善、诚实守信，强调"己所不欲，勿施于人"。这些主张中，有很多值得肯定和学习的闪光点。

但是，孔子的思想中也有不符合时代发展的部分。比如，他主张人治，不主张法治，简单说来就是全社会所有人都必须服从国君。为了维护君主的尊严，孔子还提出"臣不可言君亲之恶"，也就是做大臣的不能指出

北大文学教授胡适

君主的错误言行，晚辈对长辈也不能提出批评。

孔子这样的思想倾向，后来演变成中国传统文化中的"为尊者讳、为长者讳"，孔子也因此成为中国儒家文化的代表人物之一。

孔子还推崇"愚民政策"。他提出"民可使由之，不可使知之"，有什么事情，让老百姓按照统治者的意志去做就行，没有必要让老百姓知道为什么要那样做。孔子还歧视和贬低妇女，提出"唯女子与小人难养也"。孔子主张维护君主统治，提出社会要区分等级，严格按照尊卑秩序形成社会的运转。而在孔子的理论中，君主和官僚是尊贵的，老百姓则是卑贱的。

尽管现代人能清晰地看出这些理论的荒谬和无理，但在封建时代，这些理论却因为对统治者十分有利，而受到统治阶层的欢迎和拥戴。汉代的汉武帝"罢黜百家，独尊儒术", 将孔子代表的儒家学说列为封建社会正统思想。此后, 历代封建统治者又把孔子思想中有利于统治的部分大大加以发挥。

经过历朝历代统治者和文人的发挥增补, 儒家思想已远远超出了孔子的本意, 有的地方甚至已经扭曲了孔子原本的意思。但为了维护统治, 历代封建统治者把一切有利言论均归结到孔子名下, 还把他封为"孔圣人""至圣先师"等等, 为孔子树碑立传, 建立祠堂、孔庙, 定期祭祀。

因为孔子开创的儒家思想历史悠久, 而中国人民长期受到影响, 所以无论是中国的启蒙教育、学术氛围还是文化传统, 都深深浸润着儒家思想。因此, 在陈独秀、胡适、鲁迅等新文化运动倡导者看

孔子像,(唐)吴道子绘

来，要想启发民智，在政治上真正实行民主共和制度，就必须批判为封建统治服务的儒家学说，打倒孔子在思想界的权威地位。

第一个提出"打倒孔家店"口号的，是北大文学教授、著名学者胡适。1921 年 6 月 16 日，为了称赞北大教授吴虞猛烈抨击旧礼教和儒家学说的雄文和壮举，陈独秀借用了胡适的口号，说吴虞是"只手打倒孔家店的老英雄"。

随后，另一位新文化运动倡导者、北大教授钱玄同也积极地呼应胡适："孔家店真是千该打万该打的东西，因为它是中国混乱思想的大本营。它若不被打倒，则中国人的思想永无清明之日。"自此，"打倒孔家店"一词就在中国思想、学术界流行开来。

"打倒孔家店"流行的同时，也有人理智地提出了"救出孔夫子"的口号。因为有识之士看到了盲目推翻一种文化流派的粗暴和偏狭。儒家学说已被不断的发挥和篡改，许多都偏离了孔子的本意，遥远的孔子不过是历代封建统治者的傀儡符号。孔子地位之所以被抬高，更

历史掌故

为尊者讳

避讳是我国历史上特有的一门"学问"。避讳早在周朝就有，至秦、汉逐渐形成，唐宋时期愈加兴盛，尤其以宋朝最严。一般来说，避讳主要是避免在名字与文字上触犯帝王、长者、尊者的名字，如果遇到，就要回避。不仅平民百姓要避，王公大臣要避，就连一些宗教中的神仙都要避，比如观音，原本叫观世音，之所以去掉中间的世，为的就是避讳唐太宗李世民名字中的"世"字，帝王家的权威可见一斑。由于避讳实行了2 000多年，对我国古代史籍影响很大，史书上有不少避讳之处，常使古书混淆不清，以致产生误导。

多的是为垄断天下思想，维护封建专制。即使后来被历代封建统治者塑造成文化偶像，那也不是孔子的本意，不能将现时代的过错归结于一位古时的睿智老人。

从某种程度上来说，孔子是无辜的，应该把孔子的思想和后来被改造过的儒家思想区别开来，站在学术的客观角度，还原孔子的本来面目，将他从被误解的牢笼中解救出来。

然而，在那个激进动荡的时代，像这样理智冷静的声音因为很难得到传播，而显得无比微弱。

3. "君臣"和"父子"

所谓封建专制，指的是中华民国以前中国古代的政治制度。在中国古代，封建皇帝自称"天子"，即皇天上帝的儿子。他要代表"天"来治理天下。天下所有的土地，都归皇帝所有；天下所有的老百姓，都必须接受皇帝的统治。所谓"溥天之下，莫非王土；率土之滨，莫非王臣"，天下的土地和人民，都是封建皇帝个人的私有财产。

这种封建专制独裁制度的起源，要追溯到2 000多年前的秦朝。公元前200年，为了确保

明代《三才图会》中的秦始皇画像

独裁统治，秦始皇提出"天下事，无大小，皆决于上"，即天下的事情无论大小，都由皇帝决定；不管是中央还是地方官吏，一律由皇帝任命；皇帝的意志就是法律，不管对错，必须执行；皇帝说的话是圣旨，违反圣旨，轻者杀头，重者抄家，诛灭九族。即使是大臣，也完全没有自由和民主可言。

到了清朝，封建专制独裁的社会制度发展到顶峰。康熙皇帝曾说："今大小事务，皆朕一人亲理，无可旁贷。若将要务分任于人，则断不可行。"皇帝统领一切，所有民众被剥夺了全部自由。即使是在统治阶级内部，也毫无民主可言。

清代的社会甚至推崇和流传着这样极端的话语："君要臣死，臣不得不死；父要子亡，子不得不亡。"所谓"君要臣死，臣不得不死"，是说皇帝和大臣只有号令和服从的关系，即使大臣没有犯下什么错误，皇帝让你去死，你也要遵从圣旨，主动赴死。

在历史题材的电影和电视剧里，我们经常看到皇帝赐死大臣的情节，这反映出封建统治下君权的"神圣"，君权凌驾一切，甚至藐视一切生命。而所谓"父要子亡，子不得不亡"，则是把父母摆到至高无上的地位，不仅可以随意打骂孩子，甚至可以决定孩子的生杀予夺。

站在现代的正确观念，我们当然明白孩子与父母在人格上的平等。作为法律上的监护人，父母承担抚养孩子成人的义务，但却绝对没有虐待孩子的权利。然而，在蒙昧的封建时代，孩子被视为父母绝对的私有财产，为此甚至发生过野蛮父母将亲生儿子活埋的惨剧。而在"父要子亡，子不得不亡"的荒谬理论下，这样的惨剧居然不受法律制裁。其实，宣传这种理论却罔顾人伦和生命的价值，根本原因是要维护皇权的绝对统治。

上述封建独裁制度和思想，在中国延续达 2 000 多年，对人民大众思想和文化传统影响极

清代百姓向官吏叩头

深。辛亥革命虽然推翻了封建制度，但封建思想却依然深深渗透在人们的日常生活和行为习惯中。

1917年5月，陈独秀在以《旧思想与国体问题》为题的演说中指出："袁世凯虽然死掉了，帝制虽然取消了，但中国人脑子里仍然装满了帝制时代的旧思想，欧美社会国家的文明制度，连影都没有，口一张，手一伸，不知不觉都带君主专制的臭味。"北京大学教授高一涵也曾写道，我们所看到的皇帝虽然退位，而人人脑中看不到的皇帝尚未退位。

为了启迪国民，新文化运动参与者不断地发文章、做演讲，对封建时代的独裁制度和陈腐思想进行猛烈抨击。其领军人物陈独秀更是把矛头对准这些封建残余思想，死磕到底。

他在文章中指出：对于2 000多年以来的封建专制制度，凡是有血性的人都是不能忍受的；"官僚专制的个人政治"必须被废除，代之以"自由自治的国家政治"；封建专制泯灭人的个体自由，现代青年必须追求人权主义、个人解放，决不能甘受封建思想的束缚。

　　陈独秀还说：民主自由国家的社会制度和伦理观念，根本上讲求"平等精神"；君主专制的国家制度、伦理观念，根本上讲求"尊卑阶级"。反对自由平等，就是主张封建专制。如果不把封建专制观念铲除，就会出现无数个实行封建专制、复辟帝制的袁世凯。

　　对于封建专制制度在家庭中的表现——封建家长制，李大钊批判道："中国的封建家长制是封建专制制度的家庭表现，现代思想解放必须打破家长统治家庭、父兄统治子弟、丈夫统治妻子的现状，必须打破男子专制主义。"

　　北京大学教授吴虞也指出："封建专制制度之所以长期统治中国，就是因为封建家长制根深蒂固。只有打破封建家长制，封建君主制才会无所依附，最终自然消亡。"

　　新文化运动时期的进步知识分子对封建专制制度和思想的抨击，促使民众更加清楚地认识了袁世凯复辟帝制的丑恶面目，更加清楚地理解了封建专制制度的危害，同时也对近代民主、自由、平等的观念有了更深刻的认识。

4. 科学救国论

辛亥革命启发了民智，在民主自由思想越来越深入人心的同时，自然科学、实体产业、经济理论等也越来越受到关注和重视。一批曾经留学欧美、接受过西方教育的知识分子，开始主张研究自然和社会科学，通过发展实业经济以增加国力，实现国富民强的伟大梦想。其中的主要代表人物是任鸿隽、杨铨、胡明复、赵元任、周仁、章元善等人。

1914 年 6 月，在美国康奈尔大学留学的任鸿隽等海外学子携手，在校园里成立了"科学社"。该社团编辑并出版《科学》月刊杂志，其宗旨是向祖国大众介绍和推广西方自然与社会科学。科学社得到了留学生的热烈响应，当年年底就吸纳了 35 名留学生加入。1915 年 1 月，《科学》月刊开始在国内发行，中国历史上第一本综合性科学杂志得以正式出版。

中国科学社成员合影

1915年10月，科学社更名为"中国科学社"，成员们推选任鸿隽为社长，赵元任为书记，以及胡明复、周仁等5位同学为第一届董事会董事。中国科学社总部暂定于美国康奈尔大学，同时在国内的上海、北京、南京、广州、杭州、重庆等地设立分部。

为了便于学术交流和组织研究，社团将会员按照学科分成4类：物质科学、工程科学、生物科学和社会科学。中国科学社为实现"科学救国"的共同理想，设定了多项任务，归纳起来主要有：

1. 刊行杂志，传播科学，提倡研究；

2. 设立图书馆，方便学者查询；

3. 设立各种科学研究所，进行科学实验；

4. 设立博物馆，搜集并陈列学术、历史方面以及自然界各种标本，供展览及参考；

5. 举行学术讲演，普及科学知识；

6. 组织科学旅行团，进行实地科学调查；

7. 受公、私机关委托，研究及解决科学上一切问题。

加入中国科学社的留学生们心怀"倡导科学、救国救民"的热情和理想，以杂志、演说等各种方式掀起了重视科学、学习科学的热潮。其中，《科学》《科学画报》《科学丛书》等杂志和书刊，在中国历史上关于建立正确科学观念、开展科学启蒙等方面发挥了重要作用，其所创立的上海明复图书馆、生物研究所、中国科学图书仪器公司等，也成为学术交流、科学研究的重要平台和保障。

在《科学》月刊上，除了专业系统的科普文章之外，为了深入浅出地解释科学的重要意义，吸引大众对自然社会科学的兴趣，任鸿隽等人还积极发表了一批论述文章，如《说中国无科学之原因》《科学家人数与一国文化之关系》《解惑》《科学与工业》《科学与教育》《科学精神论》等。

他们在文章中严肃指出：中国贫穷落后，其根源就在于不重视科学；中国传统文化中的保守倾向，导致了大众对新事物不屑一顾，对科学也持消极抵制心理；任何人做任何事情都必须讲求科学；只有科学迅速发展，工业才能发达，国家才能富强，祖国才能自立于世界强国之林；科学教育要从小抓起，最好从孩童时期便开始接触和学习研究事物的科学方法，大力培养国民的科学精神；商业也需要科学，使用先进有效的经商方法，能够科学推动经济发展，促进社会繁荣，最终实现振兴中国的理想。

任鸿隽等人的上述主张，被人们统称为"科学救国论"。科学救国论在国内影响日益扩大，传播范围越来越广，逐渐形成了当时的"科学救国思潮"。

这股"科学救国思潮"与新文化运动的思想启蒙相

《科学》月刊第一卷第一期

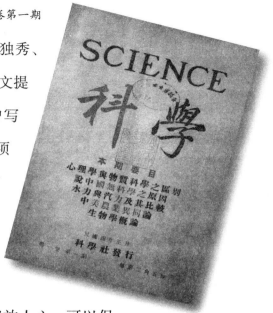

得益彰、互相补充。陈独秀、李大钊、胡适也多次发文提倡科学救国。陈独秀曾写道：中国的发展，必须"以科学为正轨"，任何事情，都要按照科学法则去做，否则就做不好。胡适也曾指出：讲求科学"可以解放人心，可以保护人们不受鬼怪迷惑"。

除了在文章中热情呼应，陈独秀还对科学救国的途径进行过细致成熟的构想。按照他的设想，要实现科学救国，首先要开展大众科普，形成爱科学的良好风尚。不仅要通过书刊宣传科学思想，还要在中小学校园里纠正重文史、轻理科的习惯，并设立科学研究机构。与此同时，还要提供简单、易操作的科学器械，保证爱好科学的社会民众也能参与到科学研究中来。

人物故事

赵元任　赵元任博学多才，既是数学家，又是物理学家，对哲学也有一定造诣。然而他主要是以著名的语言学家蜚声于世。他的语言天分极高，二战后，他去法国参加会议，在巴黎车站，他对行李员讲巴黎土语。对方听了，以为他是土生土长的巴黎人，于是感叹："你回来了啊，现在可不如从前了，巴黎穷了。"后来，他到德国柏林，用带柏林口音的德语和当地人聊天。一位老人对他说："上帝保佑，你躲过了这场灾难，平平安安地回来了。"赵元任还是中国近现代音乐史上当之无愧的先驱者，代表作有歌曲《劳动歌》《卖布谣》《也是微云》《江上撑船歌》《西洋镜歌》《老天爷》等。他在清华任教时，与梁启超、王国维、陈寅恪并称清华"四大导师"，包括吕叔湘在内的许多中国著名语言学家都是他的学生。

在强调科学的重要性同时，陈独秀等人也强调民主自由的重要性，他们指出，中国的落后正是因为缺乏科学和民主，只有二者并重，才能真正完成救国任务。

从 1917 年起，包括胡明复、任鸿隽、秉志、赵元任等人在内的科学救国思潮倡导者们，心怀一颗热爱祖国的赤诚之心，在获得美国名牌大学硕士或博士学位后仍然选择回归祖国，全身心投入到科学救国的宏伟事业，身体力行地传播科学思想，开展科学研究。其中的代表人物任鸿隽，先后任北京政府教育部教育司司长、北京大学教授、国立东南大学（今南京大学）副校长。他们凭借一腔爱国热情和救国理想，全力推动着祖国的科学普及与发展。

在科学救国思潮的引领下，国人在探索民族复兴的道路上目标更为明确，更多的国人开始接受科学救国思想，并积极致力于推动科学理念、科学精神在中国的传播。中国的科学技术水平也在这个过程中不断提升，相关理论系统不断趋于完善，为促进近代中国思想文化变革和推动中国现代化进程提供了强大的推动力量。

第四章

破旧立新

1. "吃人"的旧礼教

两千多年封建专制统治，形成了中国传统文化中最害人的糟粕部分，即旧礼教、旧道德。它们束缚个体生命的个性，阻碍着社会发展，其中又以强调尊卑的"三纲五常"和歧视妇女的"三从四德"为典型代表。

所谓"三纲"，即"君为臣纲，父为子纲，夫为妻纲"。为臣、为子、为妻的，必须绝对服从于君权、父权和夫权。"三纲"最早是由战国时期的韩非提出来的。韩非曾说："臣事君，子事父，妻事夫，三者顺，天下治，三者逆，天下乱。"意思是说，一个国家，大臣应完全服从君主，儿子应完全服从父亲，妻子应完全服从丈夫。如果三者均能顺应服从，社会就会安定；如果有人忤逆不道，就会天下大乱。该理论完全把君主、父亲、丈夫的权威提升到绝对高度，权威超越了法律、道德，甚至个体生命，并且不可违反，不容置疑。它完全禁锢了作为大臣、子女和妻子的人的思想和行为。

作为现代法治社会的公民，我们都明白文明社会的基本规范，即法律面前人人平等。"三纲"显然是与法律精神和"人人平等"格格不入的封建落后思想。

所谓"五常"，就是仁、义、礼、智、信。仁是仁慈，君主对大臣、父母对子女、丈夫对妻子，都要宽厚温柔、融洽和谐、互相关照。义是道义，"路见不平，拔刀相助"，朋友之间要讲义气，可以为朋友"两肋插刀"。礼是礼仪，每个人要按照尊卑、长幼的礼节相处。在清代，大臣见了皇帝要三跪九叩，晚辈觐见长辈也要叩头行礼。智是智慧，要明白是非曲直。封建时代的是非又有特指：顺从三纲就是是，违反三纲就是非。信是诚信，不欺诈，不贪心，一诺千金。

旧社会中束缚于封建传统的农村妇女生活

客观地说，"仁义礼智信"有它积极因素和正确的一面，但在封建社会中，它的涵义被扭曲，其本质异化为调整和规范君臣、父子、兄弟、夫妇、朋友等人伦关系的行为准则，是为封建专制制度和封建家长制服务的。

所谓"三从四德"，则是封建社会专门针对妇女制定的道德规范。"三从"即"在家从父，出嫁从夫，夫死从子"，妇女在未出嫁之前要服从父亲，在婚姻大事上要听从"父母之命"。出嫁之后要服从丈夫，对丈夫要保持贞操，丈夫死后或者守寡，或者殉夫。如果丈夫不幸去世，就要恪守妇道，不能改嫁，要想办法抚养小孩长大成人，儿子长大后要服从儿子的意志。四德是"妇德、妇言、妇容、妇功"。"妇德"包括品德端正，温柔贤惠，对长辈恭敬，对丈夫顺从，同时保持贞节，要讲究"男女授受不亲""内言不出，外言不进"，也就是不能与除丈夫之外的男子有肢体接触，也不能多嘴多舌，内外传话。"妇言"要求言辞恰当，语言得体，语不高声，笑不露齿，对人不苟言笑。"妇容"则必须保持相貌整洁，出入稳重，彬彬有礼，不可轻浮随便。"妇功"即全心投入家庭劳动，包括采桑养蚕、纺绩织纴、奉养公婆、侍候丈夫、生养孩子、招待宾客等，并且要做到积极勤勉，毫无怨言，持家要勤俭节约。按照总体逻辑关系，"四德"行为规范服务于"三从"指导原则。

综上可见，"三纲五常"和"三从四德"等旧礼教，本质上是巩固封建统治，建立"君权至上"的思想基础，确保封建家长制度的牢不可破。其中对妇女的摧残和危害尤为严重。无论是包办婚姻、"饿死事小、失节事大"的贞操观，以及缠足、纳妾等陈规陋俗，均在极大程度上否定妇女的个体生命价值，严重摧残了妇女的个性和生命尊严。

首先是扭曲变态的"贞洁观"。在封建社会，妇女只被看成男权社会的附属品。为了将妇女束缚起来，统治阶层通过褒奖节妇、烈妇和烈女，强迫社会形成妇女守节的封建风气。

节妇是指丈夫死后不改嫁，终身守寡的妇女。其中最悲惨之外莫过于，甚至有些女性还没有过门便遭遇丈夫去世，而迫于封建社会的道德束缚也必须守寡。清朝康熙年间，曾经有个姓刘的官宦子弟19岁病死，其未婚妻杨氏尚未过门，迫于封建礼教，就在刘某出丧的那天，进了刘家门，抱着刘的牌位与亡灵"拜堂成亲"，随后终身守寡，直至70岁去世。杨氏死后，清朝统治者为表彰她的所谓"守节"，于乾隆六年（1741年），特地在该村的东首建立了一座石牌坊。

事实真相

男女授受不亲 直至西周时期，华夏民族仍然保留着一定的原始氏族遗风，最明显的表现就是在仲春之月，允许男女自由相会，尽情欢娱。到了战国时期，儒家经典便开始强调、规定了男女须隔离与疏远。等到了宋代，尤其是进入南宋时期，男女之防更加严格，堪称"森严"。而所谓"男女授受不亲"，简单来说就是男女之间不能互相亲手递送物品——尽管在此过程中二人的手未必会接触。正确的做法应该是女子或者男子先把东西放下，再让对方取。否则，哪怕只是碰了一下手，也会认为该女子被玷污了。设置这样的规定，主要还是为了将女性囚禁于一个狭小天地，限制、压抑和摧残其对理想异性的爱慕之情，扭曲她们的思想、感情与欲望，使其自觉变成封建士大夫的驯服工具。

烈妇是以死殉节或殉夫的妇女。据历史记载，明代通州一位姓林的女孩子，17岁出嫁，3年后丈夫病故，在以死殉夫的思想支配下，林氏绝食21天而死。烈女则是指尚未结婚的女子，为了守节而牺牲自己的生命。官府需对此类女子的尸体进行检验，在确认她并未失身后，才将其旌表为烈女。

以上均为妇女被封建道德观念洗脑后的自愿行为，但历史上还有一些节妇烈女，纯粹是被强迫残害，读来令人悲愤。南宋有个叫杨政的政府官员，宠爱一个小妾，他病重的时候曾问床边侍候的小妾，自己死了她怎么办？小妾表示愿意和他一起赴死，杨政非常高兴。但杨政病危的时候，小妾反悔了。杨政便命令侍从将小妾骗到自己面前，然后活活勒死了她。元末明初张士诚的女婿潘元绍被徐达打败后，怕他的7个妾被夺，遂残忍地将她们一齐逼杀。

至于"包办婚姻"，更是摧毁了无数女性追求幸福的权利，甚至因此剥夺她们的生命。清朝乾隆时期，山西有一位陈姓女子，她在父母的包办下，被迫嫁给一个外地姓李的人。因为根本没有爱情，女子常常跑回娘家。有一次她又跑回了娘家，父亲陈继善像往常一样亲自把她送回夫家。不料，父亲前脚刚离开，女儿后脚又跑了回来。陈继善一怒之下，便将女儿活活勒死了。

而纳妾则是对妇女权利和尊严的公然蔑视。纳妾俗称讨小老婆，古代重男轻女，允许甚至鼓励男子纳妾，视其为一种荣耀。官宦和豪富之家妻妾成群是旧社会的常态，所谓"大丈夫三妻四妾"。然而，被纳的"妾"大多是贫苦百姓家的女儿，有的因为贫穷，十六七岁卖身给六七十岁的官宦为妾，有的则是被强抢为妾。妾的地位低下，不但自己整个一生都受到正妻的欺压，所生子女也低人一等，在男人老死时还常常成为"陪葬品"。

最残忍的还属缠足。在封建社会，缠足是对妇女身体残忍到几乎丧失人性的残害。女孩缠足一般从四五岁开始。缠足前先以热水烫脚，趁着脚还温热，将脚除拇趾外的四个脚趾强行向脚底弯曲，慢慢地拗折足部骨骼，让脚趾紧贴脚底，然后用布一层层地紧紧裹住，使其不能正常生长。好多少女被拗折足部骨骼、紧紧裹住后，痛彻心扉，而且难以站立，无法走动，只能爬行。历经三四年时间，裹住的拗折骨骼才慢慢长成三角弓形。这是一段漫长的"苦刑期"，被裹脚的女孩子终日疼痛入骨、以泪洗面。民间谚语曾总结道："裹小脚一双，流眼泪一缸。"

妇女缠足的传统起于北宋时期，经过元、明两朝的

清代缠足后形成"三寸金莲"的汉族女性

缠足后的脚部 X 光照片

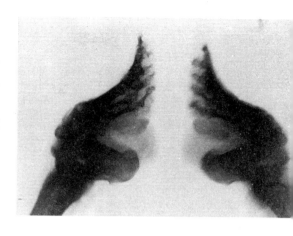

发展，到了清代，缠足几乎成为必备的汉族妇女成长课题，整个封建社会对这种病态的行为居然赞许和推崇。这种恶习为什么会形成呢？

一是为了适应封建官僚对小脚的病态审美，他们无耻地宣扬裹脚的妇女，走起路来如风吹杨柳般弱不禁风、婀娜多姿；二是通过裹脚将妇女禁锢在家中，使其足不出户，对丈夫唯唯诺诺，最终实现男权的彻底强化，保证封建礼教的传承。

直到民国初年，上述封建旧礼教仍然大有市场，在社会各个阶层、各个角落阴魂不散。1917 年，北洋政府颁布了《修正褒扬条例》，将"妇女烈节贞操可以风世者"列为呈请褒扬的 9 种行为之一。随后，有的报纸竟然载文赞扬"烈妇"自杀行为，读来令人发指。

民国初年，北京曾有一位唐姓女子在丈夫死后，受封建礼教影响，先后以服毒、投河、绝食的方式自杀，最终以死殉夫。还有一位年仅 19 岁的俞姓女子，未婚夫张某突然死亡，她宣称自己既然已经许配张家，就生是张家的人，死是张家的鬼。在服丧 3 年后，她以绝食的方式赴死殉夫。

上述事例充分说明，虽然辛亥革命推翻了封建社会制度，但封建思想仍然残留在社会的很多细节上，牢牢盘踞在很多人的头脑之中，诸如家长家族专制、包办婚姻、缠足、"贞烈"、男子继承制度等旧礼教、旧道德，还继续残害着中国人民。

2. 向旧文化宣战

要改造国民的思想，获得"青春中国的新生"，就必须将"三纲五常"和"三从四德"等旧礼教、旧道德彻底从社会传统习俗中清除出去。向它们宣战的"战斗号角"，早在革命党人推动民主革命的时候就开始了。

孙中山、秋瑾、陈独秀、章太炎等一批进步的革命

秋瑾创办主编的《中国女报》

党人，在号召推翻清朝封建统治，批判封建君主专制的同时，对封建家长制度及维护其运转的旧礼教、旧道德就进行过猛烈的抨击。他们指出：人民应享有各项自由权利，"一国之人皆有自由平等博爱之精神"，"君臣平等也，父子平等也，夫妇平等也，男女平等也……人有平等之权利，人有不受人卑屈之权利，人有不顺从之权利"。他们以西方文化中的"天赋人权"为理论武器，不断向陈腐的封建家长制发起进攻："夫人所以为万物之灵者……自由平等，是其质格中之最高者，所以异于禽兽者在此。而立上下贵贱之别，以丧其质格，而天下之人，犹言礼教奉若神明而不敢渝，侈言古圣先王之大法而不敢犯，何其愚哉！"

他们还指出：废除封建家长制，去除"三纲五常"思想，去除了"家庭奴隶"，才能保证每位国民成为政治上的独立个人，才能保障每位国民的个人自由。

作为革命党人中"新女性"的代表人物，被誉为"鉴湖女侠"的秋瑾，则对残害妇女的"三从四德"做出了深刻的抨击和批判。她指出："三从四德"使妇女"沉沦在十八层地狱"，使妇女成为"一世囚徒，半生牛马"，妇女同胞们一定要冲破封建家长制的罗网，坚强勇敢地走向社会，方能拥有自己的独立人格，获得自己的人身自由。

在新文化运动中，对旧文化的批判更加全面，更加猛烈。

陈独秀以笔为刀，直刺旧礼教的核心："三纲五常"的本质是"率天下之男女为臣、为子、为妻，而不见有一独立自主之人者"，所谓"忠、孝、节、义"，都是封建君主要求百姓的，而不是要求自己的。"三纲五常"在社会生活中实际异化为"君虐臣、父虐子、姑虐媳、夫虐妻、长虐幼"。这种旧道德不打倒，必然会使"道德人心"日益沦丧，"专制政治亦将卷土重来"，中国人始终逃不开"皆服从于奴隶道德"之下的命运。

陈独秀还把"三纲五常"和袁世凯复辟联系起来。他在文章中指出：民主共和与君主专制的观念全然相反，一个是重在平等精神，一个是重在贵贱尊卑。如果不打破贵贱尊卑

被誉为新文化运动主将的鲁迅

观念，"一个复辟帝制的袁世凯死去了，无数个复辟帝制的袁世凯接踵而至"。

李大钊则指出了"三纲五常"的内在逻辑。"以家长统治家庭，以父兄统治子弟，以丈夫统治妻子"，君臣关系的"忠"，完全是父子关系的"孝"的放大体。中国人民要获得自由平等，要具有独立人格，必须先从打破大家族制度开始，打破父权专制，打破夫权专制，打破男子专制，打破旧的孝父主义、顺父主义、贱女主义。

鲁迅发表在《新青年》上的白话小说《狂人日记》

为了抨击和揭露旧礼教，鲁迅先生发表了《狂人日记》。在小说中，鲁迅以"狂人"的第一人称，写出了旧礼教对个体生命的残害和压迫。"主角"生病后，总觉得周围的人，邻居、家人、小孩子、医生，甚至邻居的狗，都想害他，都想吃掉他。"身边的人"被暗喻为被封建礼教侵蚀灵魂、占据头脑的守旧派，所谓"狂人"反而是具有个性、崇尚自由的真正的人类。而他所害怕、恐惧并反抗的，正是泯灭个性、摧毁尊严的旧制度、旧礼教。

在小说的结尾，鲁迅先生借助"狂人"之口指出主题："我翻开历史一查，这历史没有年代，歪歪斜斜的每页上都写着'仁义道德'几个字。我横竖睡不着，仔细看了半夜，才从字缝里看出字来，满本都写着两个字是

'吃人'！"

吴虞读完《狂人日记》后，特地撰写了《吃人与礼教》一文。在文中，吴虞指出："一部历史里面，讲道德、说仁义的人，时机一到，他就直接间接地都会吃起人肉来了。就是现在的人，或者也有没做过吃人的事；但他们想吃人，想咬你几口出气的心，总未必打扫得干干净净！""到了如今，我们应该觉悟：我们不是为君主而生的！不是为圣贤而生的！也不是为纲常礼教而生的！甚么文节公呀、忠烈公呀，都是那些吃人的人设的圈套，来诳骗我们的！我们如今应该明白了！吃人的就是讲礼教的！讲礼教的就是吃人的呀！"

而对于传统的"三从四德"和"女子节烈观"，鲁迅也专门撰写《我之节烈观》进行过批判。他写道：传统的"三从四德"和妇女节烈观与腐朽的封建专制是相互依存的关系，在封建专制制度下，皇帝是全社会的家长，家长是全家庭的皇帝，皇帝要臣子尽忠，男子便要女人守节。

传统的妇女节烈观，吃人不吐骨头，是对妇女恶毒的摧残。破除妇女对男人的守节，就会连带动摇臣子对皇帝的尽忠。所以，历朝历代都通过立牌坊、宣诏书的形式，表彰节烈妇女。封建皇帝和有权有势者自己妻妾成群，却偏偏要求女子从一而终，还要表彰节妇、烈女，变相残害妇女，这是多么的残忍和虚伪啊！

正是一批批进步学者和作家的努力，不断抨击封建社会扭曲病态的礼教与思想，推动着新文化、新思想在中国的传播和普及。特别是鲁迅先生，他以小说、杂文的形式与"旧文化"不断进行英勇抗争。

对此，毛泽东曾评价道："鲁迅是中国文化革命的主将，他不但是伟大的文学家，而且是伟大的思想家和伟大的革命家。"

3. "道德革命"

"破旧"的同时，还要"立新"。在抨击旧道德、旧礼教的同时，新文化运动的学者和思想家们也提出了中国社会应该具备和建设的新道德、真道德，并提出了

"道德革命"口号。

什么是新道德？什么是真道德？可以概括为 8 个字：自由、平等、民主、博爱。陈独秀在《吾人最后之觉悟》一文中指出，民国已经成立 3 年，尽管身处共和政体之下，国民仍然"备受专制制度之苦"，之所以如此，是因为自由、平等和民主共和观念，尚未深入人心。因此需要"吾人最后之觉悟"，也就是以一场新的道德革命，实现人的思想观念向自由、平等和民主共和精神的转变，使国民以新的伦理道德观念，参与社会生活和国家政治之中。

陈独秀还指出，很多国民口中虽然不反对共和，脑子里却依然装满了帝制时代的旧思想。根本没接触和了解过欧美社会国家的文明制度，所以"口一张，手一伸，不知不觉都带着君主专制的臭味"。

李大钊也在文章中强调，西方的近世文明，诸如代议政治、民权自由、人格独立，均为"时代精神"。但是，一般国民受旧纲常、旧礼教影响至深，很难转变为具有"新时代精神"的新国民。封建时代旧道德与近代

倡导新文化的北大图书馆馆长李大钊

文明格格不入，我们要勇敢地摧毁旧道德，创造新文明，引导中华民族走上新时代的必由之路。

不仅如此，新道德还包括公德、互助、富于同情心、利他心等价值观，以及"助弱抗强"的社会伦理观。它主张关注弱势群体，扶助和团结劳动者，以与资本家对抗；扶助女子，以与男权对抗，实现社会的普遍平等和大多数人的幸福等。

"道德革命"首先将矛头对准了旧文化最具代表性、影响最广泛、最深入的传统家族制度。在新文化运动的推动下，五四运动前后，在北京、上海、广州、天津、武汉等大城市，率先掀起了改革传统家族制度的"家庭革命"。

如何进行"家庭革命"？《新青年》曾经发表3篇改革家庭的文章：《中国家庭制度改革谈》《新青年之家庭》与《男女问题》。主张妇女解放的杂志《新妇女》也发表了《新妇女与家庭》和《家庭俱乐部的商榷》等文章。归纳起来，当时针对"家庭革命"的主张，主要有以下几点。

1．男女平等。不能重男轻女，子女必须受同等教育；家庭成员为平等关系，不可丈夫欺辱妻子，男丁欺负女丁，即使对仆人也要给予尊重。

2．去除恶习。主要包括戒除抽大烟、吸洋烟、酗酒、赌博等不良嗜好。

3．实行小家庭制。中国传统上向往"四世同堂"式的家族聚居方式，以此实现封建家族的大家长统治制度。然而在外人看似平静的表象下，大家庭内部处处充满歧视、欺诈和不平等，家庭成员被禁锢。要实现自由与平等的生活气氛，必须打破大家族、大宅院群居的陈规陋俗，实行一夫一妻与未婚子女合居的小家庭制。分居的同时也分财产，以脱离大家长控制。小家庭制既能激励各自的创业积极性，也容易形成各自的独立自助精神，还能消除大家族的人际矛盾。

4. 婚姻自由。废除父母包办婚姻制度，主张自由恋爱和以恋爱为基础的婚姻自由。

在"家庭革命"的风潮中，各地青年成为先行者。陈独秀在《一九一六年》一文中发出号召：男女青年一定要努力奋斗，摆脱自己在社会和家庭中的附属地位，努力恢复独立自主之人格。

怀着对青少年独立自由的深切关怀，1919 年 11 月，鲁迅发表了《我们现在怎样做父亲》一文。文中指出：封建礼教将父亲地位置于子女之上，皇帝是社会的父亲，父亲是家庭的皇帝。现在，封建社会已经过去，新时代已经到来，父亲不能一味地施展自己的威权，要像欧美和日本那样，理解孩子的世界。

鲁迅指出，"子女是既我非我的人"，孩子既是家庭的人，也是人类社会中独立的个体。作为父亲，有教育和抚养家庭内子女的义务，有培养他们自立能力的义务；但作为社会中独立的个体，父亲必须尊重孩子的人格，解放他们的天性，确保他们获得更广阔的生活前景。

从美国留学回来的胡适，更是大力主张个性解放。他指出，个性解放和个人自由，主要体现在两个方面：第一，每个人的思想自由，有独立思考问题的自由精神和独立发表意见的无畏品格；第二，个性表现为责任感，敢于独立做出决定并承担相应责任。

他警告同时代的青年们：封建专制社会"用强力摧折个人的个性，压制个人自由独立的精神，等到个人的个性都消灭了，等自由独立的精神都完了，社会自身也没有生气了，也不会进步了"。

在新文化运动的号召下，五四前后的青年学生们以实际行动反抗旧礼教，提倡新道德，掀起了个性解放的热潮。许多青年纷纷脱掉了长袍马褂，穿上了流行的学生装，或者干脆跟随陈独秀和胡适等留学生穿起了西装。

为了表示与旧传统决裂，许多青年学生退掉父母包办的婚姻，从大家族中搬出来，自己独立生活。在北京、上海、天津、广州等大中学校，学生们纷纷成立社会团体，创办各种期刊杂志，探讨社会问题，向民众传播自

五四时期，北京培华女中 4 名学生的合影，右一为民国名媛林徽因

由、平等、民主的新时代精神。

在课堂上，学生们敢于向教授们发表不同的意见，

质疑教授们的思想，形成了平等交流思想、讨论问题的氛围。

五四前后的个性解放思潮，是中国历史上思想方面的一次大进步。青年的思想第一次获得了较大的解放与飞跃，全社会的传统和思想也逐步从封建专制思想、从腐朽的旧礼教中解放出来，近代西方尊重个体的观念，开始逐渐渗透到人们的头脑中。启发民智获得了较大的成功，这次思想解放运动，也对现代中国的进步产生了重要推动作用。

4. "娜拉出走之后"

如前文所述，在旧时代、旧社会，中国妇女所处地位之低下、所受压迫之深重、所遭摧残之惨烈，在世界历史上都是罕见甚至绝无仅有的。陈独秀曾经呼吁：中国妇女要获得精神和身体的自由，必须勇敢地走出家庭，走向社会。留美学者胡适则在《美国的妇女》一文中，介绍了美国妇女的生活状况，她们认为男女同为"人类"，是平等的，所以美国妇女是"自立"型的，她们和男人一样，充分发展自己的个性，很多女性在社会上独立工作养活自己。但反观中国妇女，则是如此的卑微和痛苦。她们被社会压迫，被迫向"贤妻良母"的人生观屈服，完全没有自己的独立地位。胡适也向妇女们振臂呼吁：必须像美国妇女那样，在精神上实现自立，走出家庭，到广阔的社会上，做一个和男人平等的人。

为了推动"妇女解放"思潮的传播，1918 年 6 月，《新青年》出版了"易卜生号"，刊载了易卜生反映妇女解放的著名话剧《娜拉》。

易卜生是挪威著名剧作家，他写了许多揭露社会黑暗、倡导个性自由的作品。话剧《娜拉》又被译名为《玩偶之家》，讲述了一位名为娜拉的天真美丽的少女嫁给了银行经理海尔茂，海尔茂很爱娜拉，称呼她为"小宝贝""小松鼠儿"，并花重金装扮年轻的娜拉。但实际上，娜拉只是海尔茂的玩偶，他做这一切仅仅为了满足自己的虚荣心。娜拉一开始以为有了丈夫的爱就有了幸福，而她的责任就是使丈夫欢喜，自己完全可以依赖丈夫幸福地生活下去，没有必要走入社会追求经济独立。但是，当她为救海尔茂的生命铤而走险，冒名在借款单上签字，即将被法律制裁时，海尔茂不仅不愿意出面解释，反而骂娜拉败坏了他的名誉，影响了他的前程。娜拉终于看透海尔茂灵魂中自私的本质，明白了自己玩偶般的从属身份，于是下定决心摆脱家庭束缚，放弃对丈夫的依赖，离开家庭，勇敢地走向了社会。

该话剧被刊载和出版后，在社会上引起极大反响，思想界掀起了讨论"娜拉的命运"的热潮。学者教授、中学教师、青年学生、普通妇女，都加入到讨论中来。青年学生们表示，新时代的女子，一定要具有自己独立的人格。女孩们要向娜拉学习，摆脱自己在家庭中的从属地位，走出家庭，走向社会。一时间，人们开始重视并呼吁社会尊重妇女的人权、平等和自由，要求改造家庭制度，追寻婚姻自由和恋爱自由。广大妇女也纷纷以娜拉为榜样，或走向社会要求工作，成为工厂女工或政府女公务员；或报考大中学校，成为新时代的女学生。这看似平凡普通的诉求，却是 2 000 多年来，中国妇女第一次向社会发出的独立和解放的呼声。

在妇女解放运动中，1919 年 8 月的"李超之死"事件，引起了社会极大震动。

李超是广西人，父母早亡，跟着继母长大。李超的家庭非常富有，但在旧观念中，女子嫁出去就是外姓人。为了继承家业，她的一位叔伯哥哥被过继到她家。李超自小聪明好学，顺利考上了北京国立女子高等师范学校。但她的叔伯哥哥担心她读书浪费掉自己已经继承的钱财，又担心女子外出读书遭人耻笑，因此强烈反对李超到北京读书。他试图遵循旧礼教的要求，早点把李超嫁出去。但思想进步、个性倔强的李超独自来到北京上学，默默地承受着家人的指责以及切断供养的威胁。为此她负债累累，精神无比压抑，最后竟病死在医院中。而继承李超家业和资产的堂兄毫无怜悯、后悔之心，反而谴责李超忤逆不道、死有余辜，拒绝为李超办理丧事。

李超的惨死和堂哥的卑鄙行为，引发了社会舆论的激烈反响。北京学界在其学校举行了"李超女士追悼大会"，蔡元培、蒋梦麟、陈独秀、李大钊、胡适、朱执

人物故事

蒋梦麟 蒋梦麟年幼时曾写过一篇作文，让自己的日文老师指点，文中提到了"中日同文同种"之类的话。日文老师批道："不对，不对，中日两国并非同种，你的国将被列强瓜分，可怜，可怜。"后来，他立志通过教育改变国民命运，先后主持北京大学15年，为北大的发展做出了巨大贡献，但却仍自谦是梁山泊上的宋江，"一无所长，只不过什么都知道一点"。九一八事变后，日本人妄图拉拢他。蒋梦麟不仅嗤之以鼻，还领衔北大教授发表宣言，倡导反日运动。因此他被日本宪兵"请"到东交民巷日本大使馆"谈话"。蒋梦麟大义凛然，并告诉日本人，绑架北大校长只会沦为全世界的笑柄。日本人无计可施，只好把他送了回去。

信、梁漱溟等多位社会学者及名流亲自前往悼念，并现场做了讲演。学者们痛斥封建旧礼教对妇女的迫害，积极号召女同胞要自强自立，要经济独立，不要依赖家庭。胡适还专门为此写下《李超传》，并在追悼大会上散发。

他在文中指出：李超的遭遇是无数中国女子的写照，李超是新时期中国女权历史上一个重要的牺牲者。

在李超去世后2个多月，1919年11月14日，长沙城又发生了一幕惨剧。23岁的新娘赵五贞为反抗包办婚姻，竟在迎亲的花轿中自刎身亡。此事再次引发强烈反响，进步人士纷纷发表议论，对包办及买卖婚姻进行控诉。毛泽东也写文章对此提出强烈批判：几千年的旧礼教、旧习俗，使妇女在政治、法律、教育、职业、交际、娱乐、名分等各方面都处于弱者地位，遭受许多不人道的虐待。现在，正是高呼"女子解放"的时候，竟然出现如此被逼杀身的事件出现，由此可见旧礼教罪大恶极。

"赵五贞事件"刚刚过去，1920年长沙又发生了女青年李欣淑反抗包办婚姻离家出走事件。李欣淑离家出走后，特地登报声明："我于今决计尊重我个人的人格，积极地同环境奋斗，向光明的人生大道前进。"

1923年，妇女解放已成为广大社会普遍的共识，鲁迅先生在北京国立女子高等师范学校文艺会上发表演讲，以"娜拉走后怎样"为题，再次提及李超等人。鲁迅将李超和李欣淑比喻为中国的娜拉，并做出分析：新时代的妇女以娜拉为榜样走向社会，但这还远远不够，还要在社会上争得和男子的平等地位，在经济上完全独立，并积极参与社会改造，成为社会和国家的主人，这样才能真正获得解放；女子走出家庭后，如果不能自立，继续依靠家庭，便会继续受到旧礼教的束缚，成为旧礼教的牺牲品。

五四时期的妇女解放运动，对中国历史影响深远，它使广大妇女首次真正摆脱了 2 000 多年来的社会附属地位，成为推动社会进步的重要力量。

第五章
文化交锋

VR融媒党史云课堂
党史学习就在我身边

1. 新文化"发声"

尽管在中国历史上,"新文化运动"已成为约定俗成的概念,然而这并非由陈独秀、李大钊、胡适等运动倡导者直接提出。"新文化运动"是后来的学者根据运动的主张及其社会影响形成的称谓。在当时,陈独秀等人提出"文化革新",目的是为了倡导民主与科学,让中华儿女接受近代的西洋文明,改造国民性,促使民众具备民主、自由、平等现代公民的基本思想意识,以此推动中国社会进步。

既然是"文化革新",那么要实现的"新文化"究竟指代什么呢？其实，当时学者们口中的"新文化"指的就是西洋文明，特别是指西方近代文明中的民主、自由、平等、科学等理念。而被革新的"旧文化"，则主要指向中国传统文化中"三纲五常""三从四德"及妇女贞操观等与人性和现代价值观不相符的部分。而继承和发扬中国传统文化中的优秀部分，如以和为贵、与人为善、和谐和睦、诚实守信、勤俭节约等，依然是新文化运动干将们拥护和支持的。

为了宣传西洋文明中的"自由、平等、民主、科学"，陈独秀、李大钊、胡适等人急迫地开展"文化革新"，力争让全体中国人在最短时间内接纳西洋文明，抛弃陈旧的习俗和思想。然而文化的革新是一个缓慢的过程，操之过急容易适得其反。在"文化革新"中，陈独秀等人过于草率地抨击和批判中国传统文化，引发了梁启超、辜鸿铭、梁漱溟等一批传统文化学者的反感。他们纷纷发表文章，赞扬中国传统文化，反驳陈独秀等人对传统文化不分青红皂白地否定。东西文化论战由此开始。

（左起）蒋梦麟、蔡元培、胡适、李大钊在西山卧佛寺合影，他们都是主张大力引进西方文化的思想家

1915 年 12 月 15 日，陈独秀在《新青年》发表《东西民族根本思想之差异》一文，成为此次论战的导火索。在文章中，陈独秀提出："东西洋民族不同，而根本思想亦各成一系，若南北之不相并，水火之不相容也。"

所谓"东洋"即太平洋、大西洋的东面，包括中国、日本、朝鲜，以及南亚部分国家。它们全都处于地球东方，所以被称为东方文化。而中华文化显然是其中的重要代表及引领者，因此这个区域又可被称为中华文化圈。

而所谓"西洋"民族，在当时是对现代英国、法国、德国等欧洲国家，以及美国、加拿大等美洲国家的统称。它们都处在太平洋的西方，它们的文化便被称为"西洋文明"。

陈独秀严肃地总结出 3 点，来证明东西方文化"水火不相容"。

1. 西洋民族以战争为本位，东洋民族以安息为本位。西方文化崇尚武力，喜欢事事竞争，人人充满进取精神。在西方，信仰、独立和商业均可成为战争的理由，历史上也多次出现宗教、政治和商业利益之战。因为崇尚竞争，所以，尽管面对英吉利国家的霸权，比利时、塞尔维亚等小国家依然奋力反抗，为了民族独立不顾国力悬殊，以全体抗争获得了独立和尊重。而对个人来说，一旦遭遇他人侮辱，宁可决斗而死，也决不苟且偷生。

与之相反，东方的儒家文化则讲求沉静，主张忍让。大臣对皇帝、晚辈对长辈、下属对上司均绝对服从，造成民族气质中特有的奴性。近代历史的演变印证了这种文化差异：西方国家虽然面积小、人口少，却时常以征服者的身份横冲直撞，而地大物博、人口众多的东方国家经常成为被征服者。东西方个人的生活选择也风格迥异，西方人渴望冒险、积极进取，东方人则热爱家庭、渴望安稳、追求平安。

民国初年对自身价值不断深化的知识新女性

2. 西洋民族以个人为本位，东洋民族以家族为本位。西方文化崇尚个人自由，西方历史大多是"解放历史"，即摆脱奴隶地位，实现"自主自由人格"的历史。自由的文化传统传递到了现代西方国家，宪章中便规定了"思想言论自由""法律面前人人平等"等价值观。个人的"自主人格"成为幸福生活的基本保障。国家、社会、个人三者利益自然融合。

而在古老的东方，在国家为封建政治，在宗族则为家长政治。一国之人，听命于皇帝；一家之人，听命于家长。整体强调社会稳定和有序运转，忽略和剥夺了个人的权利和自由。这种文化在一定程度上既损坏了个人的独立人格，又阻碍了思想的自由发展，更剥夺了个人在法律上的平等权利，并养成了依赖和懒惰的特性。

3. 西洋民族以法治和实利为本位，东洋民族以感情和虚文为本位。西方遇事注重实效，不尚空谈。事事以契约为据，以小人开始，以君子结束。不管是国家与个人、社会与家庭，还是商业伙伴之间，即使是亲人和朋友，也都要以法律作为基本约束。

东方民族则将家族利益置于个人之上，以血缘和亲属关系为纽带，看重人际关系和义气感情，忽视条规约束，由此导致了文化中崇尚虚文的传统。好面子、讲礼节，表面上彼此以感情为重，互相信任，但缺乏契约精神，大多"以君子始，以小人终"。

1918 年 7 月，李大钊发表《东西文明根本之异点》，提出了与陈独秀相似的观点。他将东西方文化差异归结为"静"和"动"。

李大钊指出：东洋文化是自然的、安息的、消极的、

人物故事

吴稚晖 吴稚晖，中国近代政治家、教育家，为人偏激，好奇谈怪论，人称"吴疯子"。他曾经在一次演讲中说"文学不死，大难不止"，断言"文学是胡说八道，哲学是调和现实，科学才是真情实话"。他不满蒋介石集团的黑暗统治，曾经在大白天提着灯笼去开会。蒋介石问他为何白天点灯笼，他模仿蒋介石的宁波腔说："娘希匹，这里太黑暗，太黑暗了。"还有一次，蒋介石携宋美龄去拜访他，他不喜欢宋美龄的打扮，命家人锁门关窗。蒋介石的侍卫叫了半天门，不见动静，正要离开，吴稚晖却突然推开窗户，指着蒋、宋大喊："吴稚晖不在家！"他还曾经抡着拐杖追打戴笠，边追边骂，最后气呼呼地说："可惜，撵不上这个狗杂种。"

依赖的、苟安的、因袭的、保守的、直觉的、空想的、艺术的、自然支配人间的；西洋文化是人为的、战争的、积极的、独立的、突进的、创造的、进步的、理智的、体验的、科学的、人间征服自然的。据此，"东方人相信命由天定，事事听天由命；西方人认为一切事在人为，人能创造和改变一切"。

他还总结出了东方文化的 8 大弊病：听天由命不能促进社会进步；依赖性强导致惰性太重；不尊重个人权益、个性自由；尊卑贵贱观念吞没了大部分人的生存价值；重男轻女导致对妇女的轻侮；缺乏同情心；相信神权；专制主义盛行。而要改变上述弊病，中国人必须觉悟起来，打破静的世界观，容纳西洋动的世界观。

当时，宣扬西方文明、主张引进西方文化的学者，还包括鲁迅、吴稚晖、傅斯年、周作人、常燕生、毛子水等人。

2. 守旧派反扑

陈独秀等人以《新青年》为主要阵地，大力批判中国传统文化，积极宣扬西方文化的优势，引起了辜鸿铭、梁漱溟、梁启超等一批东方文化学者们的不满。他们纷纷发表文章，批驳"西方文化更好"的观点。

最早与陈独秀展开论争的是当时《东方杂志》主编

杜亚泉。《东方杂志》是1904年商务印书馆在上海创办的大型综合性杂志，开始一个月一本，后改为半个月一本，刊登内容主要有时事新闻、诗歌小说、学术论辩、报刊文摘等，是清末民国最有影响的杂志。因为创刊最早，影响最大，被誉为"刊中寿星"。

杜亚泉极度反感陈独秀等人的思想观点，从1916年起，他先后以本名和"伧父""高劳"等笔名发表《静的文明与动的文明》《东西洋社会根本之差异》等文章。

他在文章中强调：西方文化是动的文明，东方文化是静的文明，动与静，各有优缺点，没有谁好谁差。动

新文化运动时期的《东方杂志》

的文明生活日益丰裕，但以身心忙碌为代价；静的文明
生活日益贫苦，但以身心安闲作补偿。西方的科学技术
比中国先进，西方的国家体制比中国完善，这两个方面，
我们都可以向西方学习。但是，中国传统的道德、文学
和社会风俗、家族制度，都比西方更好，我们要继续传
承。在西方文化大规模输入的情况下，我们要对自己的
传统文化充满自信。现在，大量青年人受西洋文化诱惑，
迷乱了人心，反而忽视了对传统文化的吸收和继承。因
此，文化界不能一味鼓吹西方文化，分析和评论要有理
有据，要通过大力弘扬中国传统道德精神，促使青年学
生接受儒家思想和孔子学说。

上述观点也得到了北大教授辜鸿铭的赞同。

辜鸿铭祖籍福建，生于马来西亚，学贯中西，精通
英、法、德、拉丁、希腊、马来等9种语言，先后获得
13个博士学位，是当时精通西洋科学、语言兼及中国传
统文化的第一人。

当时西方人曾流传一句话："到中国可以不看紫禁
城，不可不看辜鸿铭。"他不畏权贵，先后骂过慈禧太

后、袁世凯、徐世昌;他毫无顾忌地称外国侵略者为"洋鬼子",如果有谁说中国不文明、不开化,他会立即拿出该国文化中最阴暗、最不光彩的一面,用熟练的该国语言消遣他……他不断发表文章,大力赞颂中国传统文化、道德习俗。

为了促进东西方文化的融合沟通,他把四书五经翻译为拉丁文和英文,在欧洲出版,广为传播。但是,民国之后,剪辫子、穿西服和中山装已成为社会时尚,辜鸿铭却反其道而行之,坚持留辫子、身着长袍马褂。

在全社会都谴责妇女缠足的时候,他反而发表文章大加赞颂,主张保留该习俗。在一夫一妻主张已成社会共识、男人纳妾时常遭受舆论谴责的民国时

大力赞颂东方文化的辜鸿铭

期，辜鸿铭不仅专门发文主张纳妾，并且身体力行，而且所纳的两个妾均是缠过足的小脚女人。

除了杜亚泉、辜鸿铭，著名思想家梁启超、著名翻译家林纾、青年学者梁漱溟也坚持中华传统文化优于西方的观点。

他们提出"复兴东方精神文明"的口号，要求用东方文化拯救已经"穷途末路"的西方社会。

在当时，这一批著名学者提出的看法，有其客观冷静的一面。他们对东西方文化传播、融合与交流也做出了较大贡献。

但是结合时代背景和社会思潮，刚刚从封建社会走出来的中国尚未彻底觉醒，几千年的封建思想文化意识仍然牢牢束缚着广大国民。如同一头蒙昧的睡狮，必须振聋发聩的呐喊，方能使其清醒。而新文化运动正是通过或许显得激烈的方式，把民主、自由、平等、科学等现代社会价值理念传播到社会各阶层。杜亚泉、辜鸿铭等学者，没有适应中国社会发展的时代需要，固守传统文化中的落后部分，抵制西方现代文明，他们的步伐显然落后于时代了。

在五四前后展开的这场激烈论战，有效地向国人展示了东西方文化差异，促使国民们认识到旧文化的落后和愚昧，大城市的知识分子，尤其是广大的青年学生，很快接受了近代西方民主、自由、平等学说，为社会解放运动提供了强大的思想推动力。

3. 文明调和论

在东西方文化论战中，除了"新文化"和"守旧"两派，其实还有一些学者以中立的态度主张"调和"。

1919 年 6 月，著名学者章士钊在"寰球中国学生会大会"上发表演说，提出了东西文明"调和"论。他反驳了陈独秀、胡适等人的观点，指出新旧文化性质绝非相反，两者可以并存，发展新文化无须彻底抛弃旧文化。

他认为，宇宙进化是逐步"移行"，并非跳跃式的"超越"。旧时代向新时代的发展过程总是新旧并存，没有明确分界。新文化是旧文化的拓展，旧文化是新文化的根基，"不善于保旧，绝不能迎新"。具体到中西文化，可谓难分优劣、各有所长。因此中国文化的出路，只能是"一面开新，一面复

主张东西文化调和的章士钊

旧"。对于中国文化中的优秀部分应继承和疏导；对于西洋道德则持批判吸收的态度，一味否定与全盘接纳都不正确。

　　章士钊的调和论，与杜亚泉观点接近，反对粗暴地推翻传统。因此章士钊的观点几乎同时获得了保守主义者的赞同和新文化倡导者的抨击。

　　演说发表不久，陈独秀就在《新青年》上发表《调和论与旧道德》文章，指出新道德推动社会发展，旧道德形成阻碍，彼此不可能互相调和。不管是东方还是西

事实真相

"孙中山"的由来 1903年4月，俄国撕毁中俄《东三省交收条约》，企图长期霸占东北，并提出7项无理要求。中国人民为此集会、游行、通电，表示反对，拒俄运动爆发。当时就读于南京陆师学堂的章士钊不顾学堂总办俞明震劝阻，率同学30余人赴上海，加入蔡元培等人组织的军国民教育会。不久，他被聘为上海《苏报》主笔，经常发表激烈的革命言论，并因此结识了章太炎、张继、邹容。四人意气相投，结拜为异姓兄弟。当时，章太炎、张继、邹容均已出版鼓动革命的书籍。为了向他们看齐，章士钊将日本人宫崎寅藏所著《三十三年落花梦》编译成《大革命家孙逸仙》一书，将其流亡日本时用的化名"中山樵"与其姓氏连在一起。"孙中山"之名从此为国人所熟知。

方，旧道德都是社会上产生不良现象的根源，都应该全面革除。

李大钊也发表《物质变动与道德变动》文章，指出社会经济发展必然引起社会道德向前进步，社会经济一直向前进步，不能复旧，因此道德也应该一直向前进步，而不能向后复旧。

激烈的论战吸引了众多学者和专家参与其中，各种观点层出不穷，赞成西化者有之，赞成调和者有之，赞成固守东方文化者亦有之。

历史的车轮正是在这样的分歧中滚滚向前，论战促使国民们更加严肃和冷静地面对自己身处其中的传统和外面广阔而陌生的世界，通过不断地比较和感受，西方文明中的现代理念越发地深入人心，社会思想和文化的变革已成水到渠成之势。

第六章

文学革命

VR融媒党史云课堂
党史学习就在我身边

1. 书信中的"革命"

遍观五四运动以前的中国文学，跳不开诗词歌赋的陈旧形式，以及佶屈聱牙、异常难懂的骈体文，题材也脱离不了帝王将相、才子佳人、神话传说，多数作品脱离现实生活，很难对社会进步起到促进作用。

1916 年，陈独秀注意到了中国文学脱离现实的状况，并在与胡适的书信中表达了自己倡导文学改革的愿望，提出了文学要写实，文章要以纪事为主的观点。当时正在美国留学的胡适对该话题十分感兴趣，写了长长的回信，指出中国应该从 8 个方面进行文学改革。此后，两人多番探讨，互相鼓励。1917 年 1 月，胡适将书信中的讨论进行整理和修改，在《新青年》发表了《文学改良刍议》一文，以信中文学改革的 8 个方面为线索，系统阐述了自己的看法。概括起来说：一是言之有物，不能讲空话套话；二是浅显明白，不能摹仿古人；三是多用自己的话，不要随意引用古文典故。胡适提倡的文学改良，主张文学语言要与日常口语接近，批判旧文学中"掉书袋"、脱离现实的特点。而《文学改良刍议》则被学界公认为新文化运动中"文学革命"的"第一宣言"。

陈独秀很快跟随胡适的步伐，发表了《文学革命论》一文，并在胡适的基础上，正式提出了"文学革命"的口号和纲领。

写文章时，陈独秀已经预感到旧学究会对"文学革命"的提法大加抨击，他勇敢地宣称："我宁愿冒着成为全国学究敌人的危险，也要高举'文学革命'的大旗，以支持胡适的文学改良主张。"他在文章中也做出了阐释："我所主张的'文学革命'，就是推倒向封建帝王阿谀奉承的贵族文学，建设平易抒情的国民文学，推倒陈

陈独秀、胡适等所在的北京大学文科，是提倡文学革命的大本营。1918
年6月，蔡元培（前排正中）、陈独秀（蔡元培右首）与北京大学文科国
文门第四次毕业班师生合影

腐的铺张的古典文学，建设与现实社会紧密结合的写实
文学，推倒普通百姓看不懂的山林文学，建设人人都能
看懂的社会文学。"

陈独秀提出的"文学革命"把斗争矛头直接对准封
建主义文学，他极力反对旧文学晦涩难懂的语言形式和
落后的封建思想内容。他把文学革命视为改变"国民性"
的武器，力图通过反对旧文学的封建文学观，鼓励作家
跟上时代发展，为普通大众创作出优秀亲切的文学作品。

陈独秀和胡适的文学革命主张，得到了其他新文化运动倡导者的响应，同时得到了青年学生的大力拥护和支持。其中最早发出支持声音的是北京大学教授钱玄同和刘半农，他们以书信和公开文章的形式，大力赞同陈独秀和胡适的文学革命主张。随后，许多青年知识分子也纷纷表达赞成和支持。

2. 把文学"救活"

五四运动以前，无论是诗词歌赋、往来书信，还是各种官方文件，中国的书面表达全部采用文言文，一般普通百姓根本看不懂。

古体文言文不仅是一种语言形式，还代表着一整套思维模式、历史框架和文化载体。要想读懂文言文，必须从小开始反复学习，即使这样也不保证一定能融会贯通。但是，从遥远古代直到清末民初的中国，书面交流中的文言文和日常生活的口语模式一直脱节，就像两个平行的文化世界。

这种书面和口语的脱节，使得没有学习机会的广大贫苦百姓，失去了读书和欣赏文学作品的权利，这也成为封建社会巩固阶层统治的文化基础。

早在清朝末年，担任驻日本外交公使的著名诗人黄遵宪就曾上奏朝廷，提出参照日本国语改良的经验，实行书面文字与日常口语的统一，使普通百姓也能够读书识字，提高国民整体素质。然而，腐败的清朝政府根本置之不理。此后，陈独秀、梁启超等学者都倡导过实行白话文，并创办了《无锡白话报》《安徽俗话报》等报刊进行推广。但是影响面都很小，白话文并没得到有效普及。

在新文化运动推进过程中，蔡元培、陈独秀、胡适等人再次认识到推行和普及白话文的重要性和迫切性。

1916 年 10 月，蔡元培与张一麟、吴稚晖、黎锦熙等语言学家成立了"中华民国国语研究会"，蔡元培任会长，研究国语标准问题，正式推动白话文在教科书中使用。与此同时，在胡适与陈独秀的书信来往中，也提及"不避俗字俗语"，强调推行白话文对文化普及的重要作用。

在随后整理发表的文章中，胡适特别加以解释：用文言文写出来的诗词歌赋等文学作品，普通百姓根本看不懂，那可称之为"死文学"；如果"不避俗字俗语"，使用白话文，写

各地的白话文普及报刊

出能让普通百姓都能读懂的作品，则是"活文学"。

为了践行和推广"活文学"的理论，胡适身体力行，创作了中国文学史上第一首白话诗，名叫《两只蝴蝶》，发表在《新青年》杂志上：

两个黄蝴蝶，双双飞上天；不知为什么，一个忽飞还。
剩下那一个，孤单怪可怜；也无心上天，天上太孤单。

对于胡适的白话文主张，陈独秀立即发表文章表达支持："改良中国文学，当以白话为文学正宗。"他强调推行白话文，是个大是大非问题，和那些反对者没有讨

论和退缩的余地。

"救活文学"的新主张几乎立刻在学界产生了轰动。钱玄同成为首位公开支持白话文的大学教授，他发表文章《寄陈独秀》，不仅以语言理论支持白话文，还补充提出了文字改革的具体方式和途径，建议废除汉字，实行拼音文字。他甚至凭借着丰富学识，拟制了"国语罗马拼音方案"，主张中国语言像英语那样，使用 26 个字母来表达。

随后，刘半农、李大钊、鲁迅等人也先后发表评论文章大力支持白话文运动。不仅如此，在 1918 年 5 月出版的《新青年》上，鲁迅发表了白话小说《狂人日记》，成为中国文学史上第一篇白话文小说。

此后，鲁迅还用白话文写了很多文学作品，猛烈揭露和抨击封建旧礼教、旧文化，成为中国新文化运动的伟大旗手。

《新青年》杂志自然成了推行白话文的核心平台。从 1917 年开始尝试，到 1918 年 5 月杂志彻底放弃文言，全部采用白话文。新文化运动的倡导者们也身体力行，

人物故事

刘半农　刘半农自幼聪慧过人，6 岁能作对联、咏诗。1920 年，他前往欧洲游学，1925 年获法国国家文学博士学位，是第一个获得外国以国家名义授予的最高学衔的中国人。同年 8 月，刘半农在回国的海轮上，写下了著名的爱情诗《教我如何不想她》，首创了"她"字，并第一次将"她"字入诗。刘半农还是首批翻译外国散文诗的作家之一，也是第一个把高尔基作品介绍到中国，最早将狄更斯、托尔斯泰、安徒生的作品翻译成中文的译者。1934 年 6 月，为调查蒙古族牧区民俗，刘半农远足塞外，夜宿一间乡村草房。其他人都睡在土炕上，而他自备一张行军床，于房中独卧，且故作僵硬状，开玩笑说："我这是停柩中堂啊！"听者为之大笑，不料一语成谶，在考察途中，刘半农为虱子叮咬，染上回归热，回京后因耽误治疗，不久离世。

用白话文写作。

一时之间，使用白话文进行交流和表达成为社会风潮。从青年学生到进步知识分子，在感受到白话文带来的流畅和便捷之后，都纷纷响应推广白话文的行动。

1918年10月，上海青年学生组成少年宣讲团，利用节假日时间深入郊区农村，向少年儿童和广大村民宣讲白话文，分发学习小册子。此后，北京、天津、武汉等许多城市的青年学生纷纷效仿，组织各种演讲团，深入民间宣传推广白话文。

在这一风潮的推动下，白话文期刊纷纷涌现，各地中小学教育也积极改革。第一个实现白话文教育的省份是山西。1918年6月，山西省省长阎锡山通过对小学教育进行全面了解，要求教育部门编辑白话文教材，全面替换以前的文言文课本。

其他各省的改革紧随其后，1920年1月，北京政府教育部通令全国各地一、二年级国文科课本必须采用国语白话文。4月，白话文教育改革扩大到全部年级，通令要求文言文一律废止。从此，白话文成为官方支持的语言，开始在全国教育中广泛推广，有效推动了整个社会的文化发展。

白话文运动有效实现了基础教育的快速普及，文化知识得以快速传播，文学作品更接地气，新思想、新观念也能通过通俗易懂的方式，迅速得到全社会的认同和支持。这对提高民族素质，推动社会进步，具有极为深远的进步意义。

3. "小标点"的大意义

除了前述文言文深奥难懂的问题外，标点符号的缺失也成为拖累文化发展的一大障碍。

五四运动以前的官方语言系统均由文言文支撑，文言文引经据典、佶屈聱牙不说，整篇文章不分段，不标标点符号。为阅读方便，仅有少量读书人在刊刻书籍时，自己加上"句读"。"句"是一个圆点，相当于现在的句号。"读"是顿号，相当于现在的逗号、分号、冒号。

这种简单的断句方式完全无法让文字呈现出更多的感情色彩与阅读美感，但在强调权威的封建社会，文化的垄断正是通过这些细节呈现出来。

1915年年初，留学美国的任鸿隽创办了《科学》月刊杂志，其内容不但全部使用白话文，还全面采用了西方学界统一的标点符号系统，包括逗号、句号、分号、问号、书名号等。当该杂志传播到中国内地，所有读者眼前一亮，如此有序的标点系统将白话文章装点得层次多样、感情丰富、内涵深邃、意义更加宽泛。

新文化运动的倡导者们顿时耳目一新，在推广白话文的同时，积极倡议使用标点符号。

1915 年 6 月，胡适在《科学》月刊上发表《论句读及文字符号》，首次提出报刊文章要采用横排的形式，采用加标点符号的白话文，以保证文章更适合普通百姓阅读和理解。

不久，胡适还参照西方设计出白话文的标点符号。他强调："不使用标点符号的文章，一般识文断字的百姓就读不懂，也就达不到普及文化教育的社会效果。"

继胡适发声后，《新青年》陆续刊载了陈独秀、李大钊等人的文章，继续推动标点符号在白话文书面表达中的使用，包括对标点符号的形状和使用情况进行深入的研究。

历史掌故

标点与稿费

标点符号的推行曾遭到许多因循守旧的文人的反对，其中包括一些出版单位。后者的具体做法是，在计算稿费时不把标点算在内，只算实际字数。这显然是不合理的。有一次，恰恰有这样一家书局约鲁迅写一部书稿，鲁迅便故意省掉了全书所有标点符号，书稿从头到尾连在一起。不久，书局的编辑以"难以断句"为由，写信要求鲁迅加上标点符号。鲁迅回信说："既要作者加标点符号分出段落、章节，可见标点还是必不可少的。既然如此，标点也得算字数。"书局本就理亏，只得同意。

1917 年 7 月，钱玄同在致陈独秀信中，提出"改革之大纲十三事"，包括"文章应加标点符号""数字该用阿拉伯符号""改右行直下为左行横拖"等细节上的建议。从 1917 年第四卷起，《新青年》开始使用胡适创制的标点符号，形成新旧文体和符号混用的情况。

1918 年 5 月，《新青年》从第七卷第一期起，全面采用白话文，并统一使用新式标点符号。此做法很快传播到全国。

《晨报》《每周评论》《星期评论》《新潮》《北京法政学报》等一批著名的报刊率先效仿，不计其数的白话小报紧随其后，白话文和新式标点符号因为其含义准确、感情丰富很快获得大家的喜爱。

鲁迅、刘半农、沈尹默等文化名人亲身示范，带头撰写和使用，促使白话文和新式标点符号迅速普及，形成不可阻挡的文化新潮流。

1919年11月，马裕藻、周作人、朱希祖等6位作家学者，带头拟定了《请颁行新式标点符号议案》，联名提交当时的教育部，要求中央政府确定新式标点符号的法定地位，并在全国普及推广。

《议案》共分三部分：一是建议废除以前的"句读符号""文字符号"等提法，正式定名为"标点符号"；二是确定标点符号的12个种类和用法；三是建议全国推行标点符号。

1920年2月，北洋政府教育部向全国颁行了《新式标点符号议案》，新式标点符号获得了国家法定地位。此后，新式标点符号系统经过不断修改完善，沿用至今。

　　白话文和新式标点符号的创制和推广，保证了全国普通百姓读书、学习的自由和权利，促进了文化知识的快速广泛传播，对提高国民素质和促进社会进步起到了极大的推动作用。

第七章

迎来马克思主义

1. 邻国的先进经验

从 1911 年的辛亥革命开始，中国的历史车轮便在动荡和争论中蹒跚前行。尽管建立了中华民国，但以袁世凯为代表的北洋军阀牢牢占据着统治地位，帝国主义依然在中国横行霸道。中国半殖民半封建的社会性质并未彻底改变，中国人民忍受着军阀和殖民者的剥削和压迫，依然没有获得独立和尊严。

不仅如此，尽管有着陈独秀、李大钊等大批知识分子的推动，但由于缺乏强大国力和政治力量的支撑，新文化运动依然无法彻底改变社会体制和传统思想。众多

油画《列宁与苏维埃成立》，弗·谢罗夫作

有识之士们探索着一条又一条救国救民之道：从教育救国、实业救国到科学救国。但是，在北洋军阀的反动统治下，上述所有主张都得不到有效实行。

就在此时，与中国相邻的俄国爆发了著名的"十月

历史掌故

第一次世界大战与十月革命

第一次世界大战前，俄国是五大交战国（英、法、美、德、俄）中最落后的国家，准备也最不充分。至1917年，俄国已有数百万人伤亡，前线的很多俄国士兵连鞋子都没有，甚至几个人共用一支枪。国内大片耕地荒芜、工厂倒闭、物价飞涨、食物极度短缺，连首都彼得格勒（圣彼得堡）也都出现了罢工、停业、排队购买面包的情景。1917年3月8日（俄历2月），俄国爆发了"二月革命"，末代沙皇尼古拉二世被迫退位，临时政府成立。但俄国并没有退出战争，并且在随后的交锋中惨败于德国；财政方面，则继续沿用沙俄时代的财政和税收政策，导致通货膨胀进一步恶化。与此同时，以列宁为首的布尔什维克提出了"土地、和平与面包"的反战宣言，赢得了俄国士兵和农民的大力支持。11月，"十月革命"爆发，临时政府被推翻，苏维埃政权得以建立，世界上第一个社会主义国家宣告诞生。

革命"。

1917年11月7日，俄历10月25日，列宁领导的布尔什维克，在俄国首都莫斯科，领导工人阶级，联合广大农民，向资产阶级临时政府所在地圣彼得堡的冬宫发起总攻，推翻了临时政府。

当晚，召开了第二次全俄苏维埃代表大会，宣布临时政府被推翻，中央和地方全部政权转归苏维埃。随后，组建了以列宁为主席的第一届苏维埃政府——人民委员会，世界上第一个社会主义国家就此宣告诞生。因为革命发生在俄历10月，故称之为"十月革命"。

所谓"布尔什维克"，是俄语"多数派"的音译。它的主要成员都是工人，因此是一个代表着工人阶级利益的政党。

它的领袖是职业革命家列宁。"苏维埃"则是俄文"代表会议"的音译，指的是由工人和农民选出代表，通过召开代表会议，决定国家大事。而"苏维埃政府"，是指由工人和农民代表会议选举政府官员，由这些官员组建成政府来管理国家。

布尔什维克领导着俄国工人和农民取得了十月革命的胜利，建立了由工人和农民代表组成的社会主义国家。这个创举震惊了全世界，它向西方的资本主义国家展示

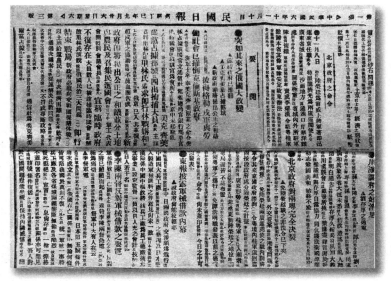

《民国日报》以"突如其来俄国之大政变"为题，报道
十月革命情况

出了人民群众的巨大力量，也向全世界发出了社会主义
国家的呐喊。

　　十月革命的消息传到中国，立即引起先进知识分子
的极大关注。大量探索救国道路的有识之士开始深入研
究布尔什维克，开始学习和理解带领俄国十月革命的指
导思想——马克思主义。他们阅读马克思主义的著作，
研究马克思主义学说，学习俄国十月革命经验，希望从
中寻找到拯救中国的科学途径。当时的一位青年学生积

极投入到了这场学习热潮之中，他就是毛泽东。对此，他曾经打过一个形象的比方："十月革命的一声炮响，给我们送来了马克思列宁主义。"

2. 马克思主义在中国的传播

辛亥革命前，中国学界对马克思其人了解甚少。只大概知道他是个德国人，主张阶级斗争和社会主义，还是个所谓的"百工领袖"，即各行各业工人的领袖。在动荡不安的中国社会，在封建主义思想牢牢钳制的中华大

传来十月革命一声炮响的"阿芙乐尔"号远洋舰

地，马克思及其学说并未得到重视和传播。

俄国十月革命胜利的消息传到中国，作为其指导思想的马克思主义得到了中国学界空前的重视。与此同时，对待马克思学说的态度不同，促使新文化运动倡导者们出现了分化。其中，李大钊是首位接受和宣传马克思主义的先进分子。

从1918年下半年起，他先后发表《法俄革命之比较观》《庶民的胜利》《Bolshevism的胜利》《我的马克思主义观》等进步文章，热情宣传十月革命和马克思主义。

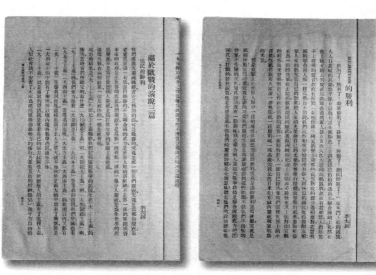

李大钊发表的《庶民的胜利》和《Bolshevism的胜利》

其中《法俄革命之比较观》一文，将研究的目光投向了1789年法国资产阶级革命和1917年俄国十月革命。李大钊指出，法国革命是有产阶级的革命，俄国十月革命是庶民阶级的革命。俄国十月革命的胜利是俄国庶民阶级的胜利，也是马克思主义学说的胜利。俄国十月革命的胜利标志着改造世界"新纪元"的到来，中国人民今后一定要走俄国十月革命的道路，要像俄国布尔什维克那样，发动"劳工"起来进行革命，并相信"劳工主义"一定能够战胜"资本主义"。

同样接纳并热爱马克思主义的陈独秀成了李大钊的忠诚盟友。1918年12月，他们在北京创办了《每周评

历史掌故

法国大革命

法国大革命始于1789年7月14日巴黎人民攻占巴士底狱，至1830年"七月革命"彻底结束，前后历时41年，过程曲折而漫长。它是世界近代史上规模最大、最彻底的资产阶级革命。广大群众在革命过程中展现出的伟大力量，为此后的各国革命树立了榜样，具有世界意义。

论》报纸，它和《新青年》一样，迅速成为当时影响力极大的舆论阵地。1919 年 4 月 6 日，《每周评论》部分刊载了马克思和恩格斯共同撰写的《共产党宣言》，并在按语指出："这个宣言是马克思和恩格斯最重大的意见。……恐怕马上要来到东方。"

　　1919 年，五四运动爆发，包括陈独秀、李大钊在内的先进知识分子，立即投入到轰轰烈烈的运动中，大力传播马克思主义。截止到 1920 年下半年，全国共出现

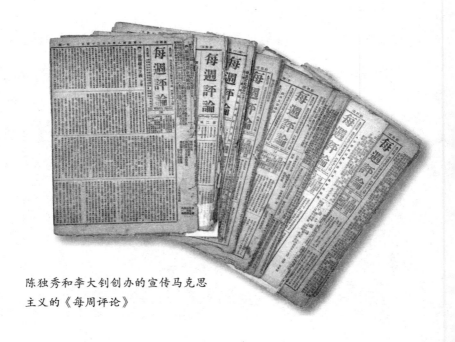

陈独秀和李大钊创办的宣传马克思
主义的《每周评论》

了 400 多种刊物宣传马克思主义。李大钊等人在重要舆论阵地《新青年》出版了"马克思主义研究"专号，开设了"俄罗斯研究"专栏。陈独秀则前往上海，热情开展马克思主义宣传工作。很快，马克思主义开始从北京到上海，随后向全国各城市及乡村扩散开来。其中，北京《晨报》副刊、上海《民国日报》副刊"觉悟"、《时事新报》副刊"学灯"被称作宣传马克思主义的"三大副刊"。

　　五四运动之后，新文化运动主要转向宣传马克思主义。一大批先进知识分子，包括当时仍然是青年学生的毛泽东、周恩来等，通过新文化运动逐渐接受了马克思主义，成为一名坚定的马克思主义者，并以此为指导，最终带领中国人民走向了胜利。